朝日新書
Asahi Shinsho 759

モチベーション下げマンとの戦い方

西野一輝

朝日新聞出版

まえがき

はじめまして、西野《にしの》一輝《かずき》と申します。

私は経営者やビジネスパーソンの取材を通し、企業へのコンサルティングを生業《なりわい》にしています。

先日とある創業社長の取材をしたところ、彼の意外な嘆きを耳にしました。

彼は会社を立ち上げて10年足らずで売上100億円規模にまで会社を成長させた人物。

さらに明るいキャラクターで、社員からの支持も高く、悩みなんてないように周囲からは見られていました。

ところが取材終了後に社長から、

「社員がよく口にするモチベーションについて教えてほしい」

と言われたのです。

曰く、人事コンサルティング会社から「あなたの会社ではモチベーションの低い社員が増えて、それが業績の低迷を招いている」と指摘された。その対策をどうすべきか悩んでいる……と苦しい心情を吐露してくれました。確かにその会社は破竹の勢いで成長してきましたが、この1、2年で成長に陰りが出ていたのです。

モチベーションとは、「動機づけ」や「目的意識」といったように翻訳されますが、「やる気」とほぼ同義だと見なしていいでしょう。つまり、やる気が見いだせない社員が増えてきているというのです。

社長はこう感じていました。創業した当時は、社長と社員が一体になって誰もが意欲的（モチベーション高く）に仕事に取り組んで大きな成果を出してきた。ところが会社が大きくなると、意欲的でない社員が各組織で出てきて、業績の足を引っ張っている……と。

ちなみに、社長は仕事大好き人間でモチベーションが下がったことなど「ない」と思い込んでいるので、下がる人の気持ちが本音では理解できない様子でした。

そこで、長年多くのビジネスパーソンを取材してきた私なら、モチベーションのメカニズムをわかりやすくレクチャーしてくれるはず、と彼は期待してくれたのです。

そこで私は社長に、基本的な考え方となる外発的動機付けと内発的動機付けの説明をしつつ、モチベーション低下の原因を自分なりに解説しました。その中で、ふと気がついたことがあります。

それは、**人のモチベーションが下がるきっかけは、「他者」の影響が大きい**ということでした。

上司に「無理しなくていいよ」と言われて、期待されていないと受けとってしまい、モチベーションが下がった部下、あるいは「やっても意味がないと思いますよ」と発言してやる気を下げる同僚が何人も思い出されてきました。

社長自身は、こうした発言をされても気にしないタイプなのでしょうが、多くの人が周囲の人間の影響を受けて、モチベーションの上がり下がりを繰り返しているのです。

この本を手に取っているあなたも、こんな経験はありませんか？

最初はやる気に満ち満ちていたのに、他者のちょっとした一言や振る舞い、ぞんざいな態度でモチベーションが一気に消え失せてしまっていたことが……。

残念ながら、(往々にしてうまくいっていない人に多いのですが)、人を攻撃し意欲を低下させることに喜びを感じるタイプも存在します。

こんなふうにモチベーションを下げてくる人・要因のことを本書では「モチベーション下げマン」と呼んでいます(〝マン〟は必ずしも男性だけを指すのではありません)。

一度しぼんでしまったモチベーションを立て直し、また前向きに取り組むようにするのはなかなか難しいものです。無気力でこなすのも一つの手ですが、常態化するとあまりに日常が退屈で、日々に意味を見いだせなくなってしまいかねません。

モチベーションに左右されることなく、それなりに仕事ができる人もいるのでしょうが、そうはいっても人間は感情のある生き物です。心を機械のように一定に動かすことはできません。

モチベーションが下がっているときは、

「こんなことでやる気をなくしてしまうなんて、自分には向いていないのではないか」

「自分の気にしすぎなのかもしれない」

と慢性的に自信を失っているかもしれません。しかし、取材で「上司や同僚、お客様の発言や接し方でモチベーションが下がった」というエピソードを聞いたことが、どれだけ多かったか。

それだけ多くの人は繊細であり、いとも簡単にモチベーションが下がってしまうものなのです。

そこでこの本では、そんなモチベーション下げマンに出会ってしまったらどうしたらいいのか、そして再びやる気を取り戻すにはどうしたらいいのかを、さまざまな人・シーンを想定し対策を紹介していきます。

2000人の取材経験を通してわかったことは、驚くべきことに、世の中にはどんなに苦しいことがあっても、決して心折れずに前向きに取り組んでいる人がいるということです。そんな彼らは、どのような習慣・思考法を身につけているのでしょうか？

またモチベーションが下がる原因は、他者だけにあるものではありません。

自分の中にも「モチベーション下げマン」は存在します。一般的にモチベーションが下がるきっかけとして、ストレスなどの心理的負担や睡眠不足、不明確な目標やルーチンワークなどが要因といわれています。

本書では、そんな自分の中にひそむ厄介なモチベーション下げマンの対処法も紹介していきましょう。

また第6章では、特に「人を動かす仕事」をしている人に向けて、他者のモチベーションを上げるためのテクニックを紹介します。他者のやる気を高めることができれば、成果を能率的に上げられるだけでなく、自分一人では成し遂げられないことも実現することができます。

誰かの一言によって救われたり、「また頑張ろう」と思えたりする経験は誰しもがあるのではないでしょうか。そんな「モチベーション上げマン」との出会いは、人生の宝物ともいえるものです。

モチベーションを下げるのが「人」であれば、高めてくれるのもまた「人」なのです。

さて、この本を手に取ったということは、少なからずあなたの周りには「モチベーションシ
ョン下げマン」がいるのだと想像します。
さあ、彼らと戦うための武器を一緒に身に着けていきましょう。

モチベーション下げマンとの戦い方　目次

第2章　やる気を失わせる「この一言」への反論術！　53

第3章 モチベーションはなぜ重要か？ 89

第4章 自分の中にいるモチベーション下げマン 121

第1章　こんなモチベーション下げマンはいませんか?

モチベーションがなかった時代

モチベーションという言葉が本格的に使われ始めたのは、いつ頃だと思いますか？最近はメディアや日常の会話においても「モチベーションが下がる」とか「モチベーションが下がるような言動は慎みましょう」とか、逆に「モチベーションが上がって、仕事がすごく円滑に進むようになった」といった話をよく耳にするのではないでしょうか。

ですので、ずっと昔からこのモチベーションという言葉は使われているように思うかもしれません。ところが、それは勘違いで、実は四半世紀くらい前に日常に入り込んできた言葉なのです。

1990年代まではそれほど一般的ではなく、似た意味の言葉として「モラール」が使われていました。「目標達成をするために、社員のモラールアップを図ります」というような使い方がされていましたが、それがモチベーションにとって代わられ、モラールはすでに死語になったといっていいかもしれません。

ちなみにモチベーションとは、まえがきでも書いたように、日本語にするとやる気、さらにいえば、動機づけという意味に置き換えることができます。

この言葉を一気に普及させたのが人材育成に関わるリンクアンドモチベーション社。最近、組織のやる気を見える化するサービスであるモチベーションクラウドのCMが頻繁に流れるようになり、言葉の知名度がさらに上がる要因を仕掛けている会社といえます。

モチベーションが上がると、パフォーマンス、サービスの品質の向上など、同じ社員でも成果に大きな変化が現れることがさまざまな調査により明らかになっています。

ベイン・アンド・カンパニーとプレジデント社が共同で調査した結果、「やる気に溢れる」社員の生産性は、単に「満足している」社員と比べて約2・3倍、「満足していない」社員と比べると3倍以上もの高さになると報告されています。

逆にモチベーションが下がると仕事に対して意欲がなくなるため、業務が雑になることがあります。結果として不良品が多くなるなどサービスの品質にも影響します。また、改善意欲も湧かなくなるため、品質の維持だけでなく、新しいサービスを生み出すことも難しくなると言われています。

当然ながら一人の仕事ぶりの変化は職場全体にも影響を及ぼします。モチベーションが上がれば声のトーンや話し方、表情、姿勢などにも表れ、組織が元気はつらつとしてきます。下がれば逆の雰囲気になり、ついには退職者を増やしていく要因にもなりかねません。

そこで、多くの会社も社員のモチベーションを上げる（ないしは高める）ことの重要性を強く認識し、そのための施策もドンドン行われ、モチベーションは高い認知を誇る言葉になりました。まさに市民権を得たといえるかもしれません。

ちなみに、リンクアンドモチベーション社よりも前に、旅行代理店のＪＴＢがモチベーションという言葉を業務で使ったといわれています。社員旅行を「組織で旅をすると社員のやる気が上がる」「やる気が上がると業績も向上する」とのロジックを立て、やる気のことをモチベーションと定義して使い始めていたようです。

この存在が認知されて市民権を得るまでは、影響を受けても口に出せない、何かわからないからと苦慮した人がいたかもしれません。ちなみに花粉症だって、アレルギーの存在がわかるまでは周囲の理解を得られませんでした。メンタルという言葉もそうかもしれません。

モチベーションという言葉も、市民権を得たことで救われた人が何人もいたことでしょう。

モチベーション下げマンは「よかれ」と思っている

多くの人は、絶えずモチベーションが上がったり下がったりしています。もちろん、人によりその頻度や幅は違いますが、自分の周りを見ていると、周囲の人間の言動によってモチベーションを大きく下げている人が多くいます。

本書では、モチベーションを下げてくる人をモチベーション下げマン（以後ＭＳＭ）と呼びましょう。

実は多くのＭＳＭは、相手のモチベーションを下げようとしているわけではなくて、よかれと思って余計な言動をしています。たとえば、1回言えばわかると思っている人に対して3回言う人。

「さっき言った件なんだけどさ、やっといてね」「わかりました」「ごめん。もう1回言っとくけど大丈夫？　本当に大丈夫？」。帰り際に「絶対だからね」と念を押され、さらにメールでリマインドされたらどうでしょうか？

自分は信頼されていない気がして、モチベーションは下がりますよね。一方で、こうしたしつこい念押しを喜ぶタイプもいます。気にしてくれているのが嬉しい人や、純粋に忘れっぽいタイプです。

つまり、善意による言動は、誰もがモチベーションが下がる行為とはいえないのです。悩ましいのは、**たいていのMSMは相手の「モチベーションを下げている」という事実に気づかない**ことです。

メールなどのコミュニケーションも増え、感情が伝わりにくくなった上、仮に、相手の顔の表情が曇ったくらいならMSMは気づきません。MSMは善意で発言していますから、むしろ相手に「よし頑張ろう」というモチベーションを上げるきっかけになった、くらいに思っている可能性さえあります。

このように、モチベーションを下げてくる人は明らかに悪意を持っているケースもありますが、基本的には善意であることも多く、厄介な存在といえます。

当初はやる気を高く持って取り組んでいても、そんな人物の存在によってジワジワと、あるいは一気にガクンとモチベーションを落としてしまうのです。

本章のはじめに、そんな代表的なMSMの話をしましょう。

どんどん部下がやめていく上司の特徴

知人の証券マンで典型的な善意系MSMがいます。彼は管理職なのですが、彼の下に配属された部下は1年以内に退職すると言われるくらいの人物。それまでは意欲的な社員でも、一緒に仕事をするとモチベーションが確実に下がって退職に追い込まれるとの噂が広まる存在です。

彼はパワハラめいた言動をしているわけでもないのに、なぜ部下は離れていくのでしょうか。

その知人は、こだわりのある部下に「仕事に対するこだわりが薄い点がきみの長所だね」と反対の褒め言葉をかけたり、「上司の話を一切聞いていないよね」「自己アピールが過ぎるけど、それも特徴だね」と言ったり、ようは**部下が「自分のことをわかってくれていない」と感じる発言を連発**します。

ただ、本人にとっては悪意のある発言とは限らず、言外には「しかし、それなりに評価している」「頑張っている」と讃《たた》えているようなのですが、その意図は伝わらないのです。

こうしたMSMは誰しもが顔を思い浮かべることができるでしょう。このようにモチベーションを下げてくる人は、ズレた発言が多い傾向があります。さらにそのズレた発言が「そうに違いない」とか「自分だけでなく、職場でよく耳にする」などと確信めいたものがあるので、言われた人のモチベーションは大きく下がってしまいます。

「私は違いますよ」と言える関係であれば話が進むのですが、この人に言ってもしょうがないなと思ったら、やる気がなくなるほかありません。

この**誤った断定こそ、MSMの行う代表的な行為**といえます。たとえ善意であっても本人が間違いと感じられる認識で断定されれば、誰でもモチベーションは下がります。

もう一つのエピソードを紹介しましょう。

営業部門で中堅社員のAさんは、周りの若い社員の成長のために意識して仕事を渡すようにしていました。しかし、同僚の一人から「『面倒な仕事は若手に丸投げで、自己中心的だね』と隣の部署でも噂になっていたよ」と言われたとのこと。

本当に隣の部署で噂になっていたのか、真偽を確かめる意欲もなくなるほどの発言ではないでしょうか。

まさにこの同僚こそMSM。Aさんはその後、後輩との打ち合わせ中にやる気がない発言を繰り返し、「今日は帰ります」と打ち合わせも中座して退社してしまったようです。

その後は以前のように後輩に対して面倒見のいい姿勢が見受けられなくなり、「いいよ、自分でやるから」と仕事を任せることが少なくなり、1人で抱え込むようになってしまいました。MSMの発言は、Aさんに大きなモチベーションの低下を生みだしてしまったのです。

決して近づきたくない人物といえますが、避けられない距離にMSMがいるケースもあります。本章では、さまざまなタイプのMSMを紹介しながら、彼らへの対策を考えていきたいと思います。

無駄に反対をしてくる人

ネガティブな言葉で周囲のモチベーションを下げる人がいます。

たとえば「結局これやっても意味ないよね」とか「社長に言われて一旦やるけど、どうせいつか消えてなくなる仕事だよ」といった発言。

大半の人は、心の底には秘めている言葉であるものの口には出しません。ところが、彼らは出してしまうのです。

先日、広告代理店の会議に参加したときにこんなことがありました。制作された広告作品に対して、クライアントからの修正の依頼が営業と役員から持ち込まれました。

ところがそれは、制作する立場からすれば「ちょっと時代遅れな作風じゃない?」と同業から指摘されかねない修正でした。一方、営業からすればクライアントの感情を逆なでしたり、仕事上のしこりは残したくないと考えて「すぐにクリエーターに修正をさせます」と回答してしまったのでしょう。後戻りはしにくい状況でした。

すると、クリエーターはこんな一言をつぶやきました。

「スポンサーのために妥協すればいいのですよね」

彼は、「世の中が求めるものから離れてしまう修正なんてやりたくない」、そんな心の叫びを口にしたのかもしれません。しかし、この発言によって、チームの士気が下がることになってしまいました。

クリエーターにとっては、許しがたい修正であったことは想像できます。しかし、一見正論風ではありながら、ネガティブな発言をする人はやはりMSMといえるでしょう。

その理由は、「やらない」ではなく「仕方なくやる」というスタンスであるからです。仮に「社会のニーズとはズレるからやめるべき」という意思をもった発言であれば、「やるべき」と考える人にその理由を伝えたり、社会のニーズとズレないように改善すべき点はどこか、会社としてはどこまで容認できるのか議論したりして、結論を建設的に出すこともできました。まさにモチベーションの高い仕事の場面といえます。

しかし、そうではなく「反対だけど、やりますよ」という姿勢を表明しては、周囲もやる気が下がるだけです。

では、相手のネガティブな発言によって気持ちが萎えてしまったときはどうしたらいいでしょうか？

まず発言をされた側が、そのネガティブ意見をポジティブ意見に変える努力をするのは、ほとんど時間の無駄になります。そんなときは、

「貴重な意見として参考にいたします。ただ、基本的な方針は変わりません」

で十分でしょう。

相手にとっては、貴重な意見としてゆるく残してもらえることはありがたいと考える可能性が高いと考えられます。仮に問題が起きたときには「自分は反対でした」と言える立場を確保したことにもなるからです。

似たケースとして、仕事がまとまりかけると反対発言をしてモチベーションを下げてくる人がいます。

たとえば、自分の提案に大多数が賛成したタイミングで、「そもそもなんでやるんだっけ」「別の視点で考えてみたらどうだろうか？」とまとまりを乱して、別の意見を尊重する方向に持っていく人などです。

大抵の場合、一貫した信念を持っているというよりは、まとまりそうな状況を揺るがす発言に終始するタイプです。

会議に出ていて、いろいろな話を聞いていくなかで、自分なりに気づいたことや思ったことがあると、それを言わないでは済ますことができない人ともいえるでしょう。「こうした意見にも応えなければ」という微妙な責任感が周囲を迷わせ、モチベーションを下げることになるのです。

このような人の発言でモチベーションを下げられないようにするにはどうしたらいいのでしょうか？

ここでも貴重なマイナー意見作戦にしてしまいましょう。自分に関係ないのに反対してくる人に対して、真っ向正面から戦いを挑むのではなく、

「貴重な意見ありがとうございます。その意見も参考にして頑張りますので、このまま進めますね」

とふんわり受け入れる姿勢だけ見せるのです。

大事なことは**マイナー意見のままで終わらせて、周りを同調させないようにする**こと

です。

実は、ネガティブ発言で周囲のモチベーションを下げる人は、全体の意見としてその発言に同調してほしいと願っているわけではないのです。自分の発言を容認してくれた、自分の存在がそれなりに認められたと感じるだけで十分なのです。

実は、ネガティブな発言をする人が登場するにはそれなりの理由があります。代表的なものは、**自分は損な役回りであることを周囲にアピールしたい**というケースです。

たとえばその人が、理不尽な仕事ばかりやらされ、それでいて評価が低い部署に過去に置かれていたとします。その損な役回りの不満がネガティブな発言となって出ているとすれば、その気持ちは配慮する必要があります。

このように、ネガティブな発言の裏に潜む背景を深読みすること。くれぐれも、深読み前に攻撃してＭＳＭを駆逐しようとは考えない方がいいと覚えておいてください。

次もそんな事例を紹介しましょう。

楽することしか考えていない人

できるだけ楽することしか考えていない人がいます。たとえば、みんなでこの仕事を汗をかいてやろうという状態のときに「ま、適当にやりましょうよ」と言ってくる人。人のやる気をそぐような発言をするタイプともいえます。

知人のBさんは、周囲がまじめに取り組もうとしているタイミングに限って「頑張っても結果は変わりませんよ。だから、準備はそこそこにしておきましょう」と肩を落としたくなる発言をします。

それなりに仕事はできる人物なのですが、周囲のモチベーションを下げる存在なので煙たがられています。自分でも薄々そのことに気づいているはずなのですが、なぜか同じような発言を繰り返します。もはや、強い信念といえるようなこだわりで迷惑な存在となっているのです。

周囲は、おそらく努力している姿勢を見せるのが好きではない人なのだろうと思っていました。いわゆる格好つけタイプです。ところが真相は違っていました。

ある飲み会で、Bさんはお酒を十分すぎるくらい飲んでしまい、発言の背景がわかる嘆きをこぼしたのです。

誰かが嫌みも含めて「Bさんは楽そうに仕事をこなせる力があるからいいよね」と褒めたところ、

「努力が報われないとメンタルがどうしようもなく落ち込む。それが怖いから、全力で努力できないんだよ」

と話しだしたのです。

過去に努力して成果につながらなかった経験があり、そのときに恐ろしいほど気持ちが滅入ってしまったのです。会社を休み、仕事に集中できない時期が続いたとのこと。その経験がトラウマになって、楽している自分を振る舞っていると話してくれました。**彼は本当は頑張りたかったのです。**ついには「本当は努力してみたいんだよ」と嘆きだしました。その話はすぐに広まり、Bさんの発言で周囲がモチベーションを下げることはなくなりました。

明確に意欲が低いのであれば周囲のモチベーションにも影響が出ますが、本当は違うのだとわかれば、発言も気にならなくなるということなのでしょう。

このような本音をこぼすまではただの迷惑な人でしたが、Bさんには Bさんの事情があったのです。

誰もがBさんのようなケースであるとは限りませんが、もし、周囲に同じような人がいたなら「本当は頑張りたいのに、何か理由があってできないのに違いない」と理解してみてください。自分もネガティブな世界に巻き込まれなくなるはずです。

あるいは、あえてコミュニケーションをとってみてもいいでしょう。**「なぜあの人は楽しているのか」と苦々しく思うときは、たいてい相手を知らないときなのです。**

何も発言しないノーバリューな人

ネガティブな発言どころか、何もしないで周囲のモチベーションを下げるノーバリューな人もいます。思わず、「何でここにいるんだろう」「何だこいつ」と思えるような無口な存在かもしれません。

集団が形成されると、何人かがそのような役割を担ってしまうようです。どうして無口になるかといえば、それが自分の役割だと認識してしまったからでしょう。

無口な人の周囲には、対極の多弁な人がいる傾向があります。要するに自己主張が強い人です。こうした人を見ていて反面教師になったり、自分も多弁になれば周囲は収拾がつかなくなると感じて無口になる人が多いように思います。

たとえばプロジェクト内では、まじめに仕事に取り組む姿勢を示す人、具体的に改革方法を提案する人、あるいは意見をまとめる人……と役割を担うわけですが、こんなタイプの人は聞き役に徹することも重要と考えて、無口でいるのです。無口でも、会話は聞いていて心で頷《うなず》いています。つまり参加はしている意識があります。ただ、**自分の発言はしない。そんな存在も必要だ、と自分で思い込んでいる**のです。

本人としたら、いつか発言する機会があるかも、くらいは思っていて、そのときには存在感を発揮してやるくらいのウォーミングアップはできているかもしれません。あるいは「自分を指名してくれれば発言はするつもり。誰も気にしてくれないから発言できないのだよ」というくらいの被害者意識を持って無口になっていることもあります。

私の知人で実際に無口な人がいました。会議でも打ち合わせでも大抵は無口。議事録を確認すると、いたことが忘れられてしまうくらいに発言がゼロ。

そのため同僚が「1人だけ何も発言しない人がいましたよね。あんな人がいるとやる気が下がります。次回からは参加しなくていいんじゃないでしょうか？」と不満を吐露したことがあります。確かに一人だけ発言がないと「何を考えているのかわからない」と、その存在に周囲は気を配ります。しかも、それが続くとマイナスの雰囲気を周囲にもたらします。

果敢に発言する人からすれば、発言しないで会議に参加できる神経が理解できないかもしれません。ただ、前述したように、こうした人物は話していなくても気持ちでは参加していて、存在感は十分示していると思っています。そのため周囲へネガティブな影響を与えている実感が湧いていない可能性が高いのです。

そんな人がいたらどうすべきでしょうか？

「○○さんって何も発言しませんね」と批判的な姿勢ではなく、

「いろいろ深く考えていらっしゃる○○さんに聞いてみたい」

と褒め言葉を添えて、発言を促してみるのです。

そこで何らかの発言があり、考えている姿勢が見えれば、周囲のモチベーションを下げる存在ではなくなります。

それなりの発言が得られれば、レベルの違いはあれど、同じ仕事に取り組む仲間として存在感が認められるからです。無口な人を孤立した存在とせずに、同じ土俵に引き込むことでモチベーションを下げる存在から外してあげましょう。

責任逃れをする上司

責任を回避する上司、ようは守ってくれない上司に当たるとモチベーションが下がるという声を耳にします。ちなみに人材系の会社が調査したアンケート結果で、ダメな上司1位は大抵がこのような結果です。

こうした上司は、「困ったときに逃げる」「いざとなったら責任逃れ」といったワーディングで一般的に表現されがちです。こういう上司がいるとモチベーションが下がるというのは、一番「あるある」な話なのでしょう。

どのような状況下で守ってくれない上司が生まれるのか、考えてみましょう。そもそも、こうした上司には、守るに守れないウィークポイントがあるのです。

たとえば「すみません、失敗してしまいました」と報告してきた部下に対して、「この件については俺が責任取るよ」と言ってくれていた上司でも、「本件は部下の責任です」と部下を守らず、自分を守る場面が生まれることがあります。

その理由は、役員に対する報告の必要性です。現在は、たとえば「個人情報の漏洩《ろうえい》は正確に・事細かに報告しなければならない」といったように、報告する・しないという基準が明文化されている会社が大半になりました。

そうなると、部下のミスを自分の責任としたくても関係者を明らかにしないといけないケースが出てきます。むしろ、それをしないと上司を処罰することも起こり得るのです。そうなると、「自分の責任です」と、かばいたくてもかばいきれません。守りたくても守れない上司の立場も理解しなければならないかもしれません。

そうは言っても、上司を「ずるい」と感じるシーンに遭遇することもあるでしょう。そんなときに知っておいてほしいのは、**「部下を守ろうとしない上司を、高く評価する会社はない」**ということです。

もっと言えば、自らの責任で部下を守ろうとする上司を、「責任感がある」「リーダーとして信頼できる」として会社は高く評価します。ですから、本来であれば上司は部下を守る姿勢を示すものなのです。

では、部下を守らない上司にはどんな事情があったのでしょうか。

実は、**守りたくても守ってやる権限がなかった可能性が高い**のです。

「実はあの人、課長という肩書きだけど、権限ないんだ」

という声もよく聞きます。つまり、守ってもらえると期待したことに間違いがあったのかもしれないのです。

そう考えるとかわいそうに思えてきませんか?

ですから、仮に守ってもらえなかった体験があったとして、その上司には本当に守れる権限があったのかと考えてみてください。立場こそ上司だけれども、背景にはさまざまな事情があることを一度想像してみるのです。

ただあなたにも事情があって、**どうしても守ってほしいのであれば、上司以外に頼れる存在がいないか考えてみましょう。**たとえば、担当役員や隣の部署の部長など、直接の上司部下ではない関係にもかかわらず、社内的に大きな権限を持っている人のことです。

自分もサラリーマン時代には、直属の上司ではなく近隣の管理職や部長が守ってくれた経験があります。振り返ると、守ってくれた人はその後に社長や役員として大活躍された人たちでした。立場以上に大きな権限をすでに持っていたのでしょう。

そう考えると、基本的に上司は自分を守ってくれないくらいの存在として考えておいて、「仮に助けてくれたらありがたい」といった程度に期待値のコントロール（45ページ参照）をしておくべきなのかもしれません。

ミスの指摘が細かすぎる人

細かな相手のミスを指摘することが大好きで、それによって相手が反省すると、自分に優位性があると感じてモチベーションが高まる人がいます。これは根っからの性分ともいえ、相手のモチベーションが下がってもおかまいなしに、とことん指摘します。

たとえば出勤時に「ごみを集配所に出していなかった」と気づいたとき、来週にまとめて出せばいいと判断する人もいますが、遅刻してでも出さないと「気持ち悪い」と思う人がいます。ようは性分なのです。価値観の問題といってもいいかもしれません。

通常細かすぎる指摘は、理不尽な指導ととらえられモチベーションを下げることになります。正論でも「そこまでやる必要があるの？」と感じてしまうので前向きに取り組めなくなるのです。

ところが、この**細かいミスをしつこく指摘する人は、そうすることで相手のモチベーションがいかに下がってしまうかを想像できない**ようです。

細かいことが気になっても「この価値観は一般的ではない。だから他人には強要しない」と考えられる人であれば問題はないのですが、価値観を強要するから問題といえます。

ある知人が取引先に提案書を出したところ、指摘事項が山のようにふせんで張られたことがある、と教えてくれたことがありました。ようは「ダメだからやり直せ」ということなのですが、ホチキスの角度、文章の段ずれ、接頭語の適合度など、指摘を受けた当人からすれば「どうでもいいことじゃないですか？」と思えることが50項目以上も指摘され、契約が3カ月も延びたようです。

当然モチベーションは大幅に下がり、メンタルもやられそうな状態であったと嘆いていました。ちなみに、私も同じ人物と仕事をしたことがありますが、同じようにふせんで相当な指摘をされて、同様に滅入ることになりました。

そんな状態ではどうしたらいいのでしょうか？　指摘事項に向き合い、修正に取り組むのが基本であるのは間違いありませんが、あまりに細かすぎる指摘であればギブアップすることも一つの手段です。

「私どもの力量では指摘事項を100％修正することは困難です」

と回答するのです。

仕事において、相手の満足度に100％応えようとする姿勢は素晴らしいものの、得るべき対価との見合いで仕事は行うべきです。「十分に対価に見合った仕事はしている」と納得できるのであれば、ギブアップすることも視野に入れる必要があります。

ただし、相手先が強烈に力を持っているケースなど、理不尽でもやらざるを得ない状況に陥ることがあります。これまでの取引実績や、今後の関係を広げたい重要性の高い取引先であれば依頼内容に無理があっても応えなければなりません。

そんなときには、実際に対応する当事者の納得感が重要と考えます。作業をするのが自分であれば、その理不尽の先に大きな金額が見込めたり、自分の成長につながると感じられたり、そういった意味づけを行いながら自分を納得させていきます。

ポイントは、一人で抱え込まないこと。きちんと周囲に「あの理不尽な相手のためにこんな無茶な要求にも応えている」ということをアピールするのです。すると、助けてくれる人が現れたり、苦労も厭《いと》わない人材だと将来の評価につながったりするものです。

実際に作業するのが他部署の人だったり部下だったりする場合はどうしたらいいのでしょうか。

たとえばエンジニアだとしたら、トップダウンの指示でやらせるのではなく、本人が「わかりました、修正します」ときちんとコミットしている状態にすることが重要です。会社の置かれた状況などを理解してもらい、現場に判断を委ねるのです。

すると意外と現場は、状況を踏まえて柔軟に判断をしてくれることが多いものです。私の今までの経験では、頭ごなしに「やれ」と言われると抵抗感があるものの、現場に委ねられると譲歩してくれた人が大半でした。

もし仮に「自分ではこれ以上対処できない」と限界を感じたり、現場から「無理」と回答があったりすれば、断る覚悟を持つべきでしょう。というのも、それまで無茶を言っていた相手先も、断る姿勢を見せると「ならば可能な範囲でお願いします」という態度になる場合がよくあるからです。

几帳面で細かすぎる人は、とにかく面倒くさい指摘をしてきますが、自分の心身を守るためにも「100%回答しなければならない」「自分が間違っていて、相手が100%正しい」という思い込みを捨てることが必要です。

意欲を下げないための期待値コントロール

相手への要求が多い、細かい完璧主義タイプだとわかると、コミュニケーションをとるのがいちいち怖くなってしまいます。そんなときはどうしたらいいのでしょうか。「期待値コントロール」の観点から考えてみましょう。

期待どおりの成果が上がると「やっぱり想定内だった」と思うものですし、想定以上だと嬉しくてモチベーションが上がります。

なかでも、用意周到に取り組んだ仕事でいい成果が出たとすれば「あれほど頑張ったから報われたんだ」と思うもの。努力から成果を期待してしまうのです。

ただ、努力と成果は大抵の場合は違ってきます。努力した割には成果にはつながらなかったり、逆にたいして頑張っていないのに成果は意外に大きかったりすることは日常茶飯事です。

注いだ努力に対して成果が小さいと感じると、モチベーションは下がります。人は、そんな状況を極力避けようと、期待値を調整しようとします。

たとえば、ある新製品をつくった開発担当者が「相当に売れる」と内心は感じていたとしましょう。にもかかわらず、実際には売れなかった場合、そのときの落ち込みは大きいものです。そんな状況を避けようと「せいぜいこれくらいだよね」と低めの成果で収まると想定して努力をすること、これが期待値コントロールです。

相当に売れたらそれは嬉しい。また、そこそこであったとしてもある程度は納得できて、モチベーションは下がりません。ですから、成果が思うように出せなかったときにモチベーションが著しく下がる人は、失望を減らすための期待値コントロールを試みるのが効果的です。

頭のなかで「ダメだったときはどうする?　どのようなマインドでいるか?」という

ふうに、一回シミュレーションしてみるのです。

あるプロ野球選手で「今年は絶対に本塁打ランキング1位を目指します」と宣言したにもかかわらず実現できなかった人がいました。彼は大いにメンタルの調子を落として、翌年から成績が低迷してしまったのです。おそらく、1位になる自分しかイメージができなかったのでしょう。

スポーツの世界では、勝つために1位になるイメージを刷り込む能力は大事であると言われています。

しかし同様に大事であると言われるようになってきたのが、**切り替える能力。ダメだったことを引きずらずに、次に向かえる力**のことです。

そのためには、期待値コントロールを習慣化しておくことが重要です。

もちろん、期待値コントロールをせずとも簡単に気持ちが切り替えられる強さがあれば、それが一番理想的といえるのかもしれません。しかし私を含め大抵の人は、そこまで強くはありません。だからこそ、ダメであったときにも絶望しないように期待値を設定し、モチベーションの大幅な低下を避けるようにするのです。

勝手に期待して勝手に失望する人

期待値コントロールのできない人が周囲にいるのも少々厄介です。

日常的に「期待以下で終わってしまった」と嘆かれたら、その雰囲気に巻き込まれてしまいます。ちなみに、そうした人物には「ダメだったときはどう考えますか？」などとシミュレーションを促してあげるのが効果的です。

さらには、期待値コントロールができない人は相手の行動に対して厳しい見方をしがちです。

ある知人で、何事にも几帳面でメールを受信すれば何としてでも1時間以内に返す人がいます。その人が送ってきたメールを私は2日間返信しなかったことがありました。すると「遅い、遅すぎます」と怒りのメールが返ってきたことがあります。

確かに2日間空いてしまったのは誠意がなかったと反省しました。ただ、一事が万事で、資料作成の緻密さや言葉遣いまで、几帳面な人の期待値が自分にも向けられることになります。

そうなると、期待に応えられないことで双方がモチベーションを落とすマイナス状況が生まれかねません。そんな状況の相手とはどう関わっていけばいいのでしょうか？

私は、**努力は示すが期待に100％応えない**ようにします。

たとえば、メールが送られてきたときに返事をクイックに返せないなら「すみません。今移動中なんで6時間以内にやります」とクイックに返すのですが、実際には〝返さない〟のです。

仮に1回でも期待に応えると、それができる人であると認識されて、同じ期待値が続くことになりますが、それに応え続けるのは無理です。

そこで「努力はしています」と示すことでお互いがぶつかる＝喧嘩《けんか》になる状況は避けられるのです。

逆に自分が早く返事を欲しいタイプで、相手に少しでも迅速に対応してほしい場合にはどうすればいいのでしょうか？

自分がクイックな性分だから合わせてほしい、というのはわがままにしか思われません。

それよりは、**他人に利益を与える**こと。自分のことよりも他人の幸福を願う「利他」の発想で相手を動かすべきでしょう。

「自分はいいんだけど部下が時短勤務で処理が遅れないようにしたいから、早めにもらえないかな」

と、このように言えば相手が自分に合わせてくれる可能性が高まることでしょう。「自分はいいんだけど」で始めて、巧みに相手を自分に合わせてみたいものです。

ターゲットを決め攻撃してくる人

MSMは何を考えているのか。本章の最後に明らかな悪意で攻撃を仕掛けてくる人への対処法を紹介しましょう。

残念なことに、世の中には純粋に相手のモチベーションを下げたい人がいます。ある人のモチベーションを下げることが本人にとってのモチベーションになっている人です。○○さんが困っている姿を見ると嬉しいと思える——ようは、ターゲットを選んで下げる努力をしているのです。

おそらく、相手に対して嫉妬が芽生えているのか、何かムシャクシャしていることがあって、自分より弱い立場で憂さ晴らしをしたいのでしょう。

このタイプは常にターゲットを探して、無理難題を言ったりダメ出しをしたりしてモチベーションを下げる努力を試みます。そんなターゲットにされればいい迷惑です。できるだけ、そうならないようにするにはどうしたらいいのでしょうか？

まず、モチベーションが下がっても、周囲からはそう見えないように振る舞うことです。**メンタルがタフなタイプだと認識され、下げ甲斐がないのでターゲットになりづらくなります。**

「自分は鈍感なタイプで、攻撃されていることに気がつかないんですよね」と周囲にアピールしておくのもいいと思います。

そこまでメンタルが強いように振る舞えない人は、とにかく極力、接触を避けましょう。どうしても避けられない場合は、メンタルが強くて盾になってくれそうな人に協力してもらい、距離を置くことです。

いずれにしても面倒な存在ですから、近づいてもいいことは何もありません。

第2章　やる気を失わせる「この一言」への反論術！

「○○さんがこう言っていたよ」

「誰かの一言」によって、モチベーションを大きく下げている人にたくさん会ったことがあります。

ただ不思議と、その一言を発した本人からすれば、モチベーションを下げようと思って発言していないケースが多々あります。むしろその人のモチベーションを上げようと思って言っているケースさえもあります。

本章では、そんな「一言」に対抗する方法を紹介していきましょう。

前章の25ページでも書いた「仕事に対するこだわりが薄い点がきみの長所だね」というように、自分は相手の気持ちがわかるとか、自分は相手のことをわかってあげようと努力していると勘違いしているMSMはたくさんいます。自分を過大評価しているのかもしれません。

残念ながら、この過大な自己評価は今後も変わりません。「わかってないのですよ」

と理解させるのは相当に困難な話なのです。このタイプにはどう反論すればよいのでしょうか。

まず、変わらないのですから自分のモチベーションの下げ幅を最低限にするために、極力その人とのコミュニケーションの量を減らしましょう。次第にＭＳＭとの距離感を少しずつ離していくのです（この努力が実ると、自分はモチベーションの下がる機会が減りますが、誰かが犠牲になるリスクは残ることは覚えておきましょう）。

さて、どんなふうに距離を取っていくかというと、闇雲に冷たい態度をとるのはおすすめしません。そこで、

「自分は鈍感で、あなたが話している意味がよくわかりません」

と言うのです。つまり、ＭＳＭの発言が高尚であって、自分にはわからないように振る舞うのです。ＭＳＭも話していることが伝わらないとなれば、おもしろくなくなり心の距離を置く可能性があります。

仮にＭＳＭの発言に敏感に反応すると、それが嬉しくて離れてくれません。それどころか、さらに発言を繰り返す、厄介な状態が続く可能性があります。

人は、発言するなら相手の反応は欲しいもの。相手が言いやすく、かつ応えてくれるのでターゲットになっている可能性があります。

たとえばあなたが経理部に所属していたとして、他部署のある人物が「総務部の後輩が、きみのことを『計算ミスが多い』と、言っていたよ」と、いまの仕事に不適と言いたげなコメントをしてきたとします。

ここで「どんな場面で計算ミスが多いと感じたのですか？　もしかして、経理失格と言いたいのですか」と感情的な質問でもすればMSMの思うツボです。モチベーションがさらに下がるコメントが準備されているかもしれないからです。

ならば、そのコメントを聞き出すことなく、「そうですかね」と気にしていない感じを示すか「あんまり気にしてないです」と素っ気ない回答をしてみるのです。

すると、MSMからすればつまらない気持ちしか生まれないことでしょう。「こいつに言っても無駄」と離れていってくれるはずです。私も過去に同じような対応をすることで、自分に近い距離感から相手にお引っ越し（距離を置いて）いただいた経験があります。

ただ、もしMSMの指摘を真摯に受けとめ、改善をすべきかもしれないと思えたら、ぜひ自己評価を試みてください。自分が本当に信頼できる人物（同僚など）に「自分って計算ミス多いかな」と聞いてみるのもいいでしょう。

そこで仮に親しくない人物ならば、相手の気分を害するような「ミスが多いよ」などのネガティブなコメントはしてきません。お互いの距離が遠いのですから、本当のことを言って嫌な印象を抱かせるくらいなら「気にするレベルのミスはないよ」と回答してしまったほうが無難だからです。

でも、本当に信頼できる関係であれば、相手のことを考えて本当のことを回答してくれるはずです。その相手選びは慎重に行い、質問をぶつけてみてください。それで出てきた回答が本質であると受けとめて、次のアクションをすればいいのです。

MSMのコメントが明らかに根拠が乏しいと思えた場合も、誰かに「気にしなくていい」とコメントをもらうだけでも気持ちが楽になります。あくまでも信頼できる同僚に相談してみて、その結果、温かい言葉を言ってもらうだけで、気になる気持ちは消えていくものです。

決してしてはいけないのは、悪口を言っていたとされる部署に「お宅の部署で、誰かが私の計算ミスが多いと言われたそうですが、それは本当ですか？」と聞くことです。MSMの言動がきっかけであるにもかかわらず、あなたが迷惑がられてしまう可能性があるからです。

そもそも、**又聞きによる悪口は相手に対する悪意とは言い切れません。**計算ミスが多いけど、それを上回る別の褒め言葉があったかもしれない。それをMSMが都合よく切り取っているかもしれないのです。

TVでマツコ・デラックスさんが「（悪口を言わない）カマトトぶってるヤツが一番怖い。言わないのはどこかおかしい。人間は人の悪口を言う生き物」と断言していたのを観たことがあります。すると、芸人の有吉弘行《ありよしひろいき》さんも同調。ネットで話題となりました。

このように人は周囲の誰かの悪口を何気なく言ったりするもの。その事実を追求するよりも気が置けない同僚の言葉に救われることで十分ではないでしょうか。

あえてダメージを受けているフリをする

50ページでも紹介した、モチベーションを下げることがモチベーションとなっている人もいます。

その人は、周囲のモチベーションをやたらと下げる発言をしますが、自分が主語ではなく「○○さんが言っていた」と第三者の発言になっているケースが大半です。

たとえば「きみが『調子に乗りすぎて、周囲に称《たた》えさせる飲み会をやってるらしい』と聞いたよ。大丈夫?」と業績が著しく高い社員に話しかけるMSM。そうすることで仕事が順調な社員が落ち込むとモチベーションが上がるようです。

だからといって自分が悪者にはなりたくないので、噂話を利用して「大丈夫?」と心配している姿勢で話しかけるのです。本当に困った存在です。

先ほど、自分の領域からお引っ越ししていただくために「鈍感なふりをする」という対策を紹介しましたが、それが難しい場合の反論術を一つ紹介しましょう。

相手のモチベーションが下がればMSMが満足するのであれば、下がったふりをするのです。たとえば、

「すごくショックです。かなりの衝撃を受けたので、明日会社に来れるか自信がないで

す」

「自分自身で十分受け止めるだけの力がないので、どう答えていいかちょっといま戸惑っています」

こうしたことを言って、相手にご満足いただくのです。さらに「図星を指されました」といったように的確さを称えるコメントを加えると、MSMからすれば満足度はさらに上がることでしょう。

これが善意のMSMだと逆効果で「相談に乗りますよ」とさらに近づいてくるので面倒なことになります。あくまで悪意があり、愉快犯であると確信したときに効果がある対策です。

自分に対して敵意をいだく可能性がある人物か？　特に嫉妬を抱かれる要素がないか？　振り返りましょう。

すると、自分より不遇な処遇で不満を抱いている可能性や、自分の仕事を本当はとって代わってやりたいと思っている可能性が見えてくるはずです。

そして自分が落ち込みモチベーションが下がることで、相手に嬉しい要素があれば、愉快犯である可能性が高まります。

だとすれば、この方法が効果的です。早めにお引き取りいただくためにも、ぜひ試してみてください。

「君のあの言動はどうかと思うよ」

相手と信頼関係があると思っていたのに「あなたのあの言動はダメだった」「なぜあしなかったんだ」とダメ出しをされてしょんぼり。相手との心理的距離感もできてしまい、高かったモチベーションもグッと下がってしまった、こんな経験はありませんか。自分としては信頼されていると思っているゆえ、ショックは大きなものがあることでしょう。おそらく、その後も近づきたいと思えず、お互いの距離も空いてしまうことになります。こうしたダメ出ししてくれる心理的な背景はどのようなものなのでしょうか?

まずよくあるのが善意のMSMによる教育的な見地です。相手のために、よかれと思ってダメ出ししてくれる人ともいえるでしょう。仮にトゲがありカチンとくるような言い方であったとしても、基本的には感謝したい存在といえます。

ただ、よかれと思ったという動機のなかでも、主観が入っているケースは少々厄介です。単にイライラしたから指摘をしたというように、その人の主観や気分によって左右されるダメ出しは、言われた本人にとっては理不尽なものに感じられるからです。

いずれにしてもダメ出しをした人にはそのあとに共通して感じることがあります。

それは、**相手を傷つけてしまったかもしれないという罪悪感**です。

教育的見地であっても、イライラしてダメ出ししてしまったとしても、ダメ出しした本人は、あとで「言いすぎたかもしれない」と感じる人が大半なのです（もちろん、例外的に感じない人もいるとは思います）。

実は、かつて自分も知人に対して「いまの言い方では、周囲に支持されないよ」とダメ出しをしたことがありました。業績好調で周囲からもチヤホヤされていた会社の社長が「ここまで急成長してこれたのは、自分の力量だ」と自意識過剰とも思える発言をしており、さすがに気になったため軽く諌《いさ》めたのです。

ただ、そのダメ出しをきっかけにして、関係は疎遠になってしまいました。知人が自分を避けるようになったのです。定期的に開催していた知人数名での食事会に誘われなくなったり、SNSの友達リストから外されたりしました。

さすがに「普段の自分からしてみたら、きつい言い方をしたのかもしれない」と、反省する機会になりました。

明らかに距離を置かれたら、自分から無理に近づくのも気が引け、そのまま縁が切れてしまいました。もし知人から声がかかれば、気にせず喜んで付き合いは続けたいと思っていたので、後悔の残る出来事になりました。

このようにダメ出しによって信頼関係が壊れた経験がある人は、意外と多いものです。理想的な回答をするならば、お互いが歩み寄って信頼関係を再構築すべきだとは思います。

ただ、過去にダメ出しをして後悔している立場から言うと、ぜひここで指摘を受けた人が歩み寄ってきてほしいと思います。言った本人は、おそらく「言いすぎたのではないか」「傷つけたのではないか」と気にしているからです。

相手への嫌悪感にはひとまずふたをして「ありがとう、これからもよろしく」と感謝

の言葉を述べていきましょう。

仮によかれと思ったダメ出しであれば、意図が伝わったと信頼関係がさらに深まります。仮に感情的なダメ出しであったとしても、感謝の言葉をくれた人に対してさらなる悪意を仕掛ける人は少ないはずです。

つまり、歩み寄ることはプラスしかありません。

まずは言葉だけでも感謝を伝えるように意識をしてみてください。それがきっと、モヤモヤを解消し互いの関係性を改善するきっかけになるはずです。

「前例はあるの?」

「前例がない」と反対意見を述べてモチベーションを下げる人がいます。

そもそもいまの時代において、前例に基づいて意思決定をするということは大きな成功につながりにくいものです。二番煎じと見られることもあり、大体競合に負けていくのが常です。プライスリーダーになれる人とは、古い言葉で言うと、ブルーオーシャンに入っていける人でもあります。

とすると前例がないと反対してくる人は、その人の役割意識として反対している場合があります。「会社として慎重に考えなさい」という意味合いで、象徴的な「前例がない」というネガティブな発言をしているのです。

ここで、「前例があればやるのですね？」と揚げ足取りのように言質を取って「これは前例じゃないでしょうか」と無理やり前例らしきものを探しにいく方法もありますが、それよりはポジティブな印象を持たせながら進める方法をおすすめします。

「前例がない」と言われたときに大切なことは、

「だからやるんじゃないですか？」

ということを相手にさらっと返すことなのです。

まず、反対意見を言わなければいけないその人を立ててあげるのが効果的です。「その発言はごもっともです」と受け止め、**価値を提示しながら「だからこそやりましょう」と言いきってみる**のです。

先にも書いたように、反対意見は会社を代表するものではなく、慎重に検討するための洗礼であるケースがあります。相手は、その壁を乗り越えて「やるべき強い意志があるのであればやる」という期待をしているのです。

一つ一つの発言をまともに受け止めて、モチベーションを下げてしまうのは大いにもったいない。自分の意思を貫く発言で阻止してみてはどうでしょうか。

ちなみに大抵の会社では、理念や方針として、挑戦や新しいことに取り組む意欲が掲げられています。そうした会社のモットーを確認しておいて、「社長が『うちの会社は新しいことに対してあくなき挑戦をしてきた』と語っていますよね」といったように、反対意見に負けない方法も覚えておいてください。

「過去に失敗した例があるよ?」

「前例がない」の反対で、「過去に似たプロジェクトを実施して失敗した。だから反対である」という意見を掲げてくる人がいます。

情報はとにかくたくさん知っていて、それに基づいてコメントする評論家のような人です。こうした人の登場は、仕事の意欲を下げることになります。

たとえば、若手社員が社内で新規事業を検討・起案したものの、審査委員から「過去に似た事例を検討して、そのときに無理と判断したから今回も難しい」と言ってきたり、なかには「山のように聞き飽きた提案ですね」と、起案した当人が気恥ずかしくなるようなコメントをしたりして、「もう二度と新規事業の起案なんてやるものか」とまで思わせる人がいます。

先に挙げた「前例がない」と言うMSM以上に登場する場面が多いかもしれません。それだけ似たものを探すことが得意な人が多いからです。社内情報がしっかりと残されているからこそ、このような発言がたくさん出るのでしょうが、こうした発言で提案した人のモチベーションが下がるのは残念で仕方ありません。

何をやるか、そしてそれが成功するかどうかは、「誰がやるか」で大きく変わります。そこで、今回の提案が「過去の似た事例と同じ」と判断されて本当にいいのか、そこを突いていきましょう。

社内で提案をされながらも「収益性が見えない」と実現できなかったプランが事業化され、結果成功した、というケースはたくさんあります。

たとえば、リクルートの結婚情報誌『ゼクシィ』です。過去に同じような事業プランが何回も起案されていたので、「聞いても意味がない」と頭ごなしに否定されていた時期が長く続いたようですが、最終的に事業化されました。

その起案者はブライダル業界の収益構造をしっかりと分析して、ビジネスとして参入したときに勝てる可能性が高いことを具体的に示したとのこと。

「『ゼクシィ』が創刊されればブライダル業界に参入したい」と考えているレストランや宝飾会社からの言質《げんち》を取り、さらにブライダル業界にはびこっていた仲介業を飛ばして婚礼希望者と関わりたいというホテル業界の悩みを押さえて、その肉声を役員にぶつけることで決断を迫ったようです。

それまでの起案者は、机上でブライダルビジネスの可能性の良し悪しを考えていただけに、役員からすれば迫力も違い、これまでのような否定の声は全く上がらなかったようです。

このように、頭ごなしの反対にめげる前に、違いをアピールする心がけを持ちましょう。

先の「前例がない」の反対でむしろ肯定的な発言と捉えて、相手をうまく巻き込み、前向きなほうに持っていく方法もあります。

「それだけ可能性があるということです。だから一緒に考えてください」

「似た話があるというのは貴重な情報でした。その感度の高さで知恵を貸していただけませんか」

と褒めて協力を仰ぎましょう。

「私はいいと思うけど、ほかの人はどうかな？」

「僕はいいと思うんだけどねえ。ちょっと○○さんに聞いてみてくれる？」

と、のらりくらりと意思決定をはぐらかされたことはありませんか？

こちらとしてはその場でイエスかノーかを知りたいのに、たらい回しにされるケースです。

こうしたタイプは、嫌われたくない上司か権限のない上司である可能性が高いのですが、基本的にはこれは答えとしては、「よくない」ということを主張しています。総論賛成・各論反対という言葉のとおり、個人として本当はノーなのです。

かといって、「反対です」と言い切ることはできず、自分なりに婉曲《えんきょく》に主張しているのです。「ノーという旗を振っているんだけど、ちょっとわかってくれるかな」、ぐらいの感じでしょうか。

そもそも、こうした発言をする人は優しい側面があり、押しの強い人ではありません。「イエスかノーか」と問われたときに、「比較的イエス」と言ったり「黒に近い白です」と言ったり、余韻とか逃げ道を作っておきたいのです。

そのため「イエスなんですか、ノーなんですか」と尋ねても切れ味のある答えは返ってきません。

こうした発言をする人にどう対応するべきなのでしょうか。まずは、

「わかりました。ノーでいいのですね」

などと自分から上司の背中を押してあげましょう。つまり、余韻を残さないほうがいいのです。いざとなったときに、「ノーという判断をもらった」というエビデンスになるように整理を加えるのです。

そもそも何でモチベーションが下がるかというと、「どっちなのか」と感じる曖昧な

発言に振り回されて、次第に自信が持てなくなりやる気がなくなるのです。「ノー」ときっぱり言ってくれたら対策も考えられるのに、ふにゃふにゃした答えをもらうとその疑念が乗り移るのか、非常に行動しにくくなるのです。そこで、

「わかりました。じゃあもうノーというふうに理解したので、その方向で考えますね」

と言い切ってみるのです。

すると「いや、そういうことじゃなくて俺は賛成なんだ」などと言い出すことでしょう。そういうときは「では賛成ということで、受け取りました」と断言することで、方向性が明確になります。

何事も理解度が高まるとすっきりし、モチベーションは下がりづらくなります。いわゆるクローズドクエスチョンです。

こうした**「嫌われたくない」というタイプには、はっきりとした答えを返すことが大事です。**

「情熱が足りない」

かつて私は「本気さを感じられない」と上司に言われたことがあります。何を求めているのか全くわからず、大いに悩みました。いまとなって考えると、「もっと細かく報告が欲しい」とか、「発言するときの声を大きくはっきりしてほしい」とか、そんなことを求められていたのだなと感じます。

当然、「情熱が足りない」などと言われて「よし頑張ろう」と意欲が上がる人はおらず、困ってモチベーションが下がってしまうケースが大半ではないでしょうか。

そもそも「情熱」とは何でしょうか。やたらとこの言葉を使う人がいますが、この得体の知れない概念の正体はどういうものなのでしょうか?

情熱という言葉を辞書で引くと「熱く高まった気持ち」「意気込み」「熱意」といった意味が出てきます。違った表現で身近にあるのが「気合」や「根性」。これらの表現も、熱く高まった気持ちを表現しているという点で似た要素があるように思います。

しかし両者には違いがあります。その相違点は「持続性」です。

気合や根性は、精神を集中させて乗り越えないといけない、そういうときに瞬間的に脳にアドレナリンを分泌させて気持ちを高ぶらせる「点」。

情熱は瞬間的なものではなく、熱く猛々《たけだけ》しい気持ちを一定の期間、持ち続ける「線」。

気合と根性は、大声を出したり、自分の頬を叩いたりすることなどで生じさせるものなので、比較的簡単であるのに対し、情熱は持続性が求められるため簡単に出せるものではありません。当然、物事に対する意義や思い入れが必要となってくるのです。

だからこそ仕事では、瞬間的な気合ではない取り組みによって、成果が出せるか否かが問われるべきともいえます。

ところが、気合と情熱を混同しているように思えるMSMもいます。

知人のCさんも上司から「情熱が足りない」と指摘をされました。上司はその翌日にCさんを居酒屋に連れていき、「この店のスタッフって情熱を感じるよね」と言いながらさらに「情熱をもって仕事をしてほしい」と語ってきたのです。

ちなみにそのお店は、居酒屋甲子園というイベントで高い成績を出したスタッフがいるお店のようで、声が大きく元気にサービスするのが特徴。その元気さを「情熱」と捉えて彼らの姿勢を見せたいと思ったようです。

もちろんスタッフは情熱をもって仕事に取り組んでいるように思えましたが、上司は大きな声といった表面的な姿勢ばかりを情熱と感じているようで、Cさんは「明日から大きな声で話すようになれば情熱を感じてくれるんですかね」と嘆いていました。

ちなみに居酒屋甲子園における情熱の評価も、大きな声ではなく、仕事に対する想いや夢に焦点が当てられています。さらには、それを体現する仕事ぶりや、テキパキした姿勢やスピード感を評価しています。

こうした本質的な情熱の意味を理解して要求してくるのであれば、部下も理解はできます。ところが、何だかよくわからない感覚的な「情熱のようなもの」を求められると、モチベーションは下がるだけです。

情熱という言葉を仕事で一般的に表現するなら「こだわり」と言えるかもしれません。

たとえば、ビールメーカーの営業が「休日も散歩しながら自社製品の陳列状況を観察してしまいます」と仕事に対する想いを語ってくれたとしましょう。たとえ声が小さくても、「繁盛している店舗の陳列方法はメモをして、取引先にも紹介するように心がけています」と話してくれる人には、情熱は感じるのではないでしょうか。

古い話ですが俳優の高倉健さんが「不器用ですから……」と小声で語るCMがありました。言葉数が少なくとも情熱を感じたものです。

〝気合系情熱〟を求める人は意外に多いものです。おそらく先述のCさんにも求められていたのでしょう。

そんなとき、あくまで**自分のペースで仕事に対する想いを語る**のは、一つの方法です。それで十分に伝わる可能性が高いでしょう。

もし伝わらないようであれば、勘違いMSMです。その要求にどう応えようかと悶々《もんもん》と悩み、モチベーションを下げるのはあまりにもったいない相手です。

そう認識できれば十分。なぜなら時代遅れのマネジメントなので、やがて消えていく存在だからです。

ただ、相手が上司であるなどしてあまりに負担になる状況が続けば、上司を飛び越えてマネジメントに対する不満を人事や役員に伝えるのもいいでしょう。もはや、〝気合系〟の要求をすることはパワハラとされる可能性もあるからです。

おそらく、同じような要求にモチベーションを下げている同僚がいる可能性も高いのではないでしょうか？　徒党を組んで不満を伝えても問題はないでしょう。

「目上をリスペクトしないとダメだぞ」

「とにかく敬意を払え」というような上下関係を異常に気にする人もいます。

仕事をしていると「君は何年入社？」と年齢確認をして、自分との上下関係を確かめる質問はいまだによく聞きます。さらに言えば、その質問のあとに「そうか、君は二つ後輩だね」とか「大学も一緒だから直属の後輩だ」と上からマウンティングしてくる人がいます。

ついには「コーヒーを買ってきてくれ」と学生時代のクラブ活動のような上下関係を求めてくる人さえいます。

体育会系のノリを仕事にまで持ち込む人が周囲にいたとき、そんな人が大の苦手で、モチベーションが大きく下がる人はたくさんいます。気持ち悪いのです。年齢のような価値観に縛られることが嫌でたまらないのです。

ただ、年齢にかかわらず上下関係を気にする人が多くいるのも事実です。役職であれば当然理解できるのですが、プライベートでマンションの階数まで上の方が偉い、羨まれる存在として扱わなければ気が済まない……。年齢だけではなくて何かでマウントしたいのです。

そんな人に遭遇したときにはどうすればいいのでしょうか？　これから紹介する三つのどれかを選んでみてください。

一つめは**態度を変えない。**

自分のプライドをかけて、接し方はフラットにしておく。ただし、喧嘩を売りたい訳ではありませんから、自らがマウントすることは控えておきましょう。いわゆる普段どおりの自分で会話をすることに徹するのです。

二つめは相手の**マウントをあえて受ける。**

そんなことをするだけで嬉しいならどうぞ……と合わせた姿勢で接するのです。

「この職場では先輩です」と言われたら「そうですね」と柔らかいムードで受け止めるイメージです。ある程度割り切れるなら、争いごとになる芽は自らの割り切りで摘んでおこう……と寛大な姿勢を示すことです。

そして三つめは**下心がある前提で思いっきり下手に出る。**

「凄いですね、尊敬します」「大先輩、承知しました」と接していく方法です。好印象を与えて仕事をスムーズに進めたいときなど、目的志向の下心で得するための戦略です。本当は全然尊敬していなくても、大いなる妥協を自分が許せる場合の選択といえます。

どれを選ぶかは、その後の仕事とのつながりから判断してみましょう。相手との関係や周囲からの見え方、自分としてのプライドも勘案して決めてください。

できれば三つの方法を巧みに使いこなせると、大いに仕事がはかどるのは間違いありません。

こうしたマウンティングMSMは、もはや絶滅種になっていただきたいと願いますが、遭遇する確率はいまだに相当あります。ぜひ参考にしてみてください。

「君はもっとできると思っていた」

「君にはもっと期待していた。残念だ」と発言してモチベーションを下げる人がいます。

あるオーナー経営者がいますが、彼の右腕はこの言葉をもらい何年かおきに去っていきます。その理由はオーナーの関心と期待が数年おきに変わるからです。

当初は業務の効率化に関心があって、その専門家を右腕に起用。それなりの成果をあげるのですが、何年か経つと、その右腕の仕事ぶりをオーナーも覚えてしまうのです。すると、さらに高いレベルの成果を期待するのですが、その期待には応えられない。そこで冒頭の言葉が発せられて、右腕は居場所をなくして去ることになるのです。

さらにはオーナーにも新たな関心が生まれるので、新たな右腕を採用します。やはり当初は期待に応える存在として高い評価を得るのですが、数年後には同じように「残念」と言われて会社を去るという繰り返しになります。

私は「オーナーのマイブームが気まぐれで変わる問題」と指摘して、右腕という立場で転職を考えている人に注意を喚起しています。辞めるまではいかなくとも、モチベーションを下げる人にはたくさん遭遇しているからです。

だからこそ、そのような人と仕事するときはもちろん、過度な期待を背負わされていると感じたときは、**勝手に期待値が上がりすぎないように自分の等身大を伝えておくことが大切かもしれません。**

ゴルフの全英女子オープンを制覇した渋野日向子《ひなこ》プロは、優勝できなかった国内ツアーの試合で、期待値が上がり残念がっていた周囲に対してあっけらかんとした呑気なコメントで応じ、等身大の自分をアピールしていました。

本当にクレバーな選手だと感じました。通常は、そこで「期待していてください」とか「頑張ります」と期待値を上げることを厭《いと》わない発言をしてしまう人が大半ではないでしょうか。

周囲に乗せられてしまうのでしょうが、その発言で自分の首を絞めていることは自覚した方がいいかもしれません。

「あなたならもっとできると思って」と言われたのなら、

「いや、それ過大評価ですよ。等身大の自分はこんなもんです」

と肩の力を抜いた回答を心がけてください。

「これやって何の意味があるんですか?」

部下に「何でこんなことをしなきゃいけないんですか」とか「これやって何の意味があるんですか」と言われたことはないでしょうか。

昔ならその質問自体がタブーであった気がします。極論で言えば「仕事とは社会の理不尽に耐えるものだ」というふうに教えられた時代がかつてありました。

「何でこんなことをやるんですか」と言える余地はなく、「そりゃやるんだよ」という空気が当たり前のようにありました。もっと言うと「それも含めて仕事なんだ」と言われたものです。なぜそれが必要なのか?ということを考えないという能力を身につけさせられたのです。

たとえば「この資料は不要だから破棄してくれる?」と上司や先輩から言われれば「何でですか」と聞いてはいけません。「はい、破棄します」で十分。破棄する方法は考えても理由は考えません。

ところが、いまの若手社員たちは「仕事の意味」を考えることが何となく身についていています。

最近は学生時代に情操教育を受ける機会が増えてきたようです。物事を観察し、変化が起きたとき、「なぜこうなるの？」と不思議に感じ、「なぜそうなるのかを知りたい」と自分で考える心を養われているからかもしれません。

だとすれば、先輩社員や上司の考える仕事の進め方と対極にあるともいえます。そんな価値観の違いからカチンときたり、モチベーションが下がったりする悩みを聞くことがあります。

「今日中に仕上げてくれる？」と言えば、

「どうして今日中なのですか？」

と返されることが繰り返されて、気持ちが滅入ると話してくれた先輩社員がいました。

確かに「わかりました」と質問せずに仕事に取り組む後輩の方が楽かもしれません。しかし、彼の周りにはそんな後輩社員はいません。質問する後輩ばかりで、質問ぜめに適切な回答が思い浮かばず「いいからやれよ」と高圧的な発言をしてパワハラだと会社から注意を受ける恐怖に駆られているようです。

そんな後輩に対してどうしたらいいのでしょうか？

もちろん感情的になる必要はありません。

仕事の意味は伝えないとわからない世の中になったことを受け入れて、**面倒くさがらずに意味と理由を丁寧に伝えてあげましょう。**

さらにプラスアルファの対策として**「それをやるのがあなたのためだと思うから」**と言ってあげるのです。

以前に「あなたのためだから」と言いながら理不尽なことをする先輩が登場するＣＭがありました。自分のケーキを「ダイエット中だっけ」と奪われて「あなたのためだから」とこじつけられた理由で納得させられてしまうのです。

これは極端ですが、「あなたのため」つまり、「自分のため」と思ってもらうことができれば相手は納得します。その理由は「成長の機会だから」「勉強になるから」といったもので十分なのです。

「ちょっと悪いけど、この会議の議事録を取ってくれない？」

「え、これやる必要あるんですかね」

「いや、だって今日の話ってすごく大事な話だから、まとめる必要あるよね」
「だとしたら何で私がやるんですか」
「だから、それって君のためになるからだよ」

あとは深く考えさせるのです。

それでも納得できない感じで「どんなためになるのでしょうか」とか聞いてきたら「あなたのキャリアにですよ」とビックワードを返しておきましょう。すべて緻密に納得させる説明をしようとするのではなく、大きな言葉でふわりと納得できそうな状態をつくればいいのです。

仕事は日々舞い込みます。「何となく自分にプラスになる」と思えるくらいの納得感を伝えるだけでも「いいからやれ」と頭ごなしに言うのとは大違いです。自然と相手にも、それなりに納得した姿勢が見えてくることでしょう。

自分や上司の時代とは違うかもしれませんが、それくらいの対応を準備しておけば互いにストレスなく仕事は進めていくことができ、少なくとも互いにモチベーションが下がる機会は減るはずです。

ただし注意したいのは、業務に直接関係のないことを頼むときや、飲み会に誘うときなどです。ハラスメントと取られかねない恐れもあるため、相手の反応を見ながら言葉を発し、くれぐれも無理強《じ》いをしないようにしましょう。

「また休むんですね」

働き方改革が進む時代でも、「全然残業しませんよね」と言ったり、嫌みたらしく「有休取るんだ」と指摘してモチベーションを下げる人がいます。

なかなかこういうことを言い出せない時代になってきていますが、それでも比較的労働時間が長く、休みが取りづらい部門で、自分だけが過剰な労働を強いられていると感じる人が発言してしまいがちです。

取材したあるメーカーは、残業禁止や有休取得を促進しすぎてしまい、クリスマスに出勤する人が皆無となり店舗業務に大きな支障をきたす状態になりました。そこで、休む理由が低い人に出勤を推奨することになり、独身社員がその対象となりました。当然ながら独身社員から不満が出て「子供がいる女性も出勤・残業をすべきでしょう」という発言が社内で出て、大きな問題になったとのことです。

このように仕事をしているなかでは、全員が平等ではなく、結局誰かが損な役回りになることがあります。そういう人が「自分ばかり働いている」ということを主張したくて不満が漏れ出てくるのです。自分が不公平な状態にあるということを伝えたいのです。

次に意識すべきは、自分自身がその人に比べると得をしていると思われているということです。ある意味でジェラシーの対象になっていることを踏まえなければならないので、**言い方を間違えると相手を敵に回す可能性があります。**当然、相手の反感を買うような発言は慎むべきです。

「全然残業しないんですね」という質問に対して、さすがに「なぜ残業しないのかというと、理由が三つあります」などと語るのは難しいものがあります。「全然残業しない」と言われたら

「残業しますよ。必要なときはちゃんとやります」

というふうに言ったほうがいいですし、「有休取るんだ」と言われたときも、

「必要なときは取ります」

というように端的に言えばいいでしょう。

あくまで**自分は一般的な仕事のスタイルをしており、周囲と大きな違いはないことを示すのです。**

「質問した相手と同じ立場である」と思える回答をしましょう。クリスマスの出勤はしないかもしれない。家族の関係で早めに帰ることがあるのは事実。しかし、残業しない訳ではない。むやみに有休を取ることはないから、あなたと大きく違いはありませんよ、ということをやんわりと伝えるのです。

損していると思う相手の発言でモチベーションを下げる必要はありません。問題発言とならないように、多少のケアを含めた適切な発言を心がけましょう。

第3章　モチベーションはなぜ重要か？

モチベーションは下がって当たり前

モチベーションと付き合う上で大事なことは、常に高い状態にいようとするのではなく、下がったときに上げる術を知っておくこと。

モチベーションが上がる状態で仕事をすると、21ページで書いたようにさまざまなプラスの効果が生まれます。このように、上がった状態をキープできればいいのですが、実際はそうはいきません。周囲からの影響も含めて、下がらざるを得ない場面にも遭遇します。

たとえば、用意周到にお客様への提案書を準備してきたにもかかわらず、先方の業績が急激に下がり、提案の機会さえもらえないことになった。大型台風が来て製造設備が被害を受け、その修繕で仕事に大きな負荷がかかった。あるいは、自身のミスから大きなトラブルを起こしたりお客様からクレームを受けたりするなど、モチベーションが下がらざるを得ないことは起きてしまうものです。

こうした状態を長く引きずってしまうのではなく、できるだけ早くモチベーションが上がるための工夫をすることを心がける必要があります。本章では、そのための基本的な考え方を具体例を交えながら紹介していきましょう。

下がったモチベーションを上げるためには、モチベーションが上がった過去を見つめ直し、その要因を振り返ることが重要です。

すると、各自なりの要因が見えてくることでしょう。こうした要因のことをモチベーションリソースと呼びますが、人により異なり、さらに時期により変わっていきます。

モチベーションの源泉はどこにある?

一般的にモチベーションが上がるのはどんなときかというと、自分自身の欲求が満たされたときです。職場で考えると、自分の仕事が認められたとき、褒められたときや成果につながったとき、あるいは誰かとの作業がスムーズにいって、いつもより早く終わったときなどに上がる傾向にあります。

ただ、時が流れるに従いその内容は変化します。その変化する欲求を探るために「マズローの欲求5段階説」を参考に考えてみましょう。

「マズローの欲求5段階説」とは、心理学者アブラハム・マズローが「人間は自己実現に向かって絶えず成長する生きものである」と仮定し、人間の欲求を5段階に理論化したもののことです。人間には5段階の「欲求」があり、一つ下の欲求が満たされると次の欲求を満たそうとする基本的な心理的行動を表しています。

下から挙げていくと、生理的欲求と呼ばれる生きていくための基本的な欲求、安全・安心が満たされた安全欲求、組織など社会から受け入れられたい社会的欲求、上司や同僚から認められ褒められたい承認欲求。そして、自分の世界観・人生観に基づいて、「あるべき自分」になりたいと願う自己実現欲求へレベルアップするといいます。

働くシーンでは第4段階である承認欲求が満たされることがモチベーションの軸にあることが多いのですが、そう一筋縄ではいきません。各自により「稼いで家族を喜ばせたい」「おいしい食事を食べたい」といったように、モチベーションが上がる要因となる欲求はさまざまなのです。

しかも、自分のモチベーションの源泉を100%理解している人はそう多くはありません。

マズローの欲求5段階説

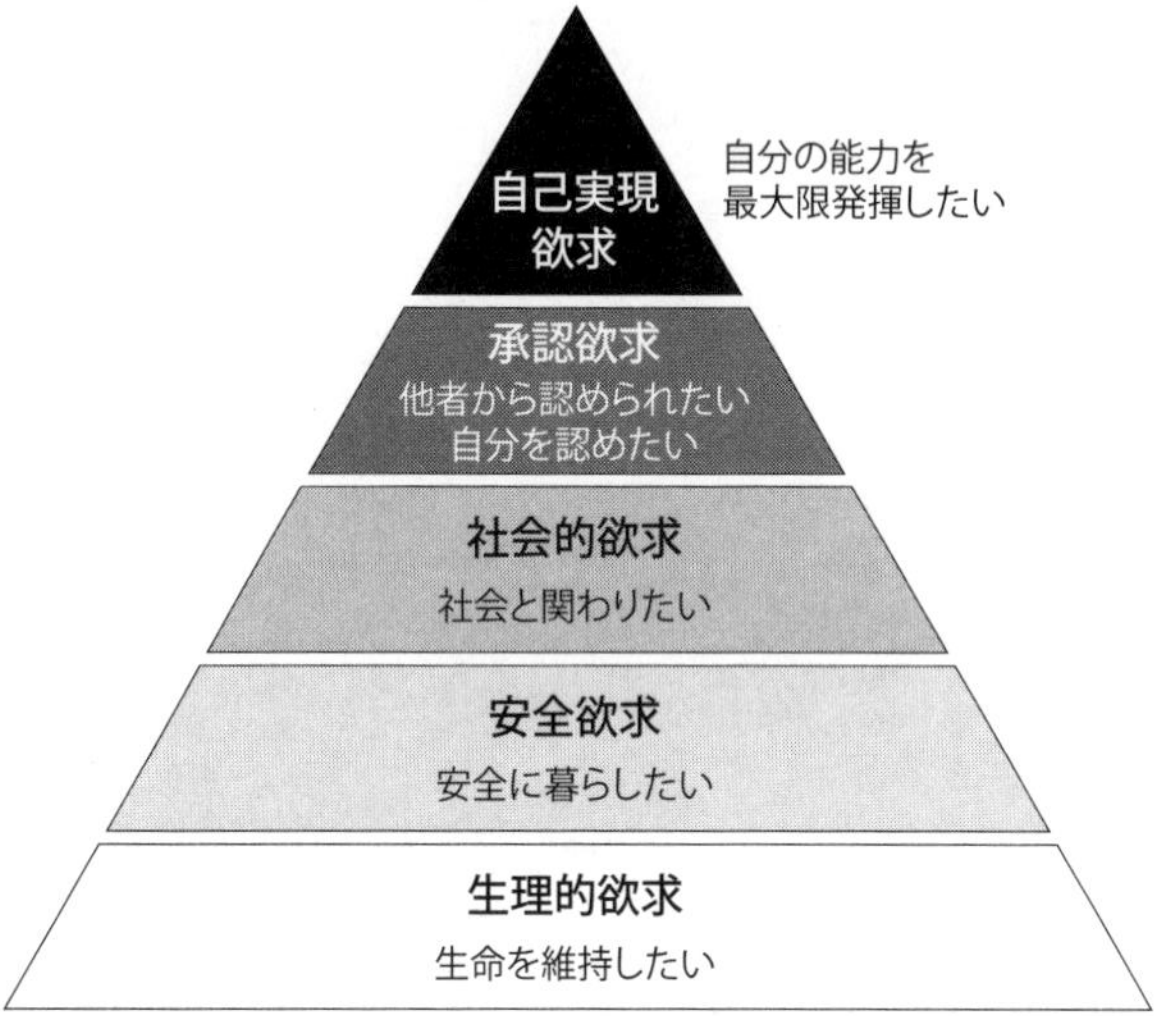

ある事務機器系商社では、営業成績に応じて毎月インセンティブとして報酬が支給されていました。ところが経営方針が変わり、歩合給ともいえるインセンティブが廃止され、代わりに会社の業績とその人物の評価に基づくボーナス支給に変わったのです。その瞬間、モチベーションを大きく下げた人がたくさん現れました。

常に業績が高かったDさんは「何のために営業で頑張るのか？　経営陣はわかっていない。やる気がなくなった」と嘆きます。毎月の営業成績に基づいた報奨金がモチベーションを高めていたのに、曖昧な評価で支給されるボーナスでは、モチベーションを高める要因にならないと話してくれました。

こうしたことを考えると、会社が慎重に考えた結果インセンティブの廃止が行われたのかは、少々疑問を感じます。

ただ実際は、インセンティブがいつも従業員のモチベーションを上げる要因であったかといえばそうでもなく、なくなってからありがたみを痛感する種類の要因であったのかもしれません。

このように、普段は当たり前のこととして享受していたものの、いざなくなるとモチベーションが下がる要因があります。たとえば、都会のど真ん中にある本社に勤務していたとしましょう。ところが、業績不振で本社が移転。郊外に勤務することになったら、モチベーションが下がった。それから数年後に業績が回復して本社が都心に戻ったらモチベーションが上がったというケースも考えられます。

おそらく、同じ会社に勤務している人でも、それがモチベーションを高める要因だと感じていた人と、当たり前だと勘違いしていた人に分かれるのではないでしょうか。

ここで大事なことは、**享受されているものをモチベーションを上げてくれる要因としてきちんと認識し、当たり前と感じないことです。**

でなければ、モチベーションを上げる要因を際限なく上げなければなりません。さらに高みを目指すことにモチベーションを感じることも重要に思えますが、当たり前になりすぎて目の前の仕事の積み重ねがおろそかになることは避けたいものです。

かつてメジャーリーグで３０００本以上のヒットを打ったイチローさんは、それを当たり前と感じていたとは思えません。ヒットを１本打つたびに、本人のモチベーションは着実に上がっていたのではないでしょうか。打席でヒットを打ちファンから拍手を受ける、その喜びを得るために努力を怠らなかったのではないでしょうか。ちなみにイチローさんはこのように述べています。

「達成感って感じてしまうと前に進めないんですか。そこが僕にはそもそも疑問ですけど。達成感とか満足感というのは、僕は味わえば味わうほど前に進めると思っているので、小さなことでも満足感、満足することというのはすごく大事なことだと思うんですよね。だから、僕は今日のこの瞬間とても満足ですし、それは味わうとまた次へのやる気、モチベーションが生まれてくると僕はこれまでの経験上信じているので、これからもそうでありたいと思っています」（メジャー通算3000本安打達成会見より）

繰り返しのように思える仕事でも、成果が出たらそれを毎回のようにモチベーションを上げる要因にすること。その工夫が大事であることを、このコメントから理解することができます。

小さな成功を大切にする

ある大成功を収めた経営者が語った**「幸せの基準は低い方がいい」**という言葉が強く印象に残っています。

それはちょうど会食中の出来事でした。同席していた若手経営者が、自分の向上心を周囲にアピールするべく「私は1回でも成功したレベルの仕事では満足ができない性分なのですよ」と語っていたときに、この言葉を発したのです。

その経営者は、加えて

「会社と自分の置かれた環境は、仕事で成功を収めれば変化して、確かにスケールが大きくなるかもしれない。ただ、仕事の大きさや難度に関わりなく、成果が出れば喜べる気持ちを失わない方がいい」

と語ってくれました。若手経営者はその言葉を素直に受け止め「自分は慢心していたかもしれません」と反省していたことを覚えています。この経営者は、なぜこのようなことを語ったのでしょうか。

仕事を始めたばかりのときには、小さな成果でも嬉しく思えてモチベーションも高まります。しかし、同じように些細《ささい》な成果が続くと、慣れてしまいモチベーションが高まらなくなる。さらに大きな成果を出すようになると、小さな成果でモチベーションが高まることがよくないことにさえ思えてきます。

「そんな些細なことで喜ぶなんて、レベルが低いぞ」と自分を卑下したくなるかもしれません。しかし、その考え方はいいことではありません。

小さな成果に対して幸せ＝モチベーションが高まる状態をキープすることが、成功を継続させるからです。

イチローさんだけでなく経営者、専門家をはじめ、これまでにお会いした成功者は同じように語ってくれました。ある大手の弁護士法人の代表は、「マスコミに登場するような大型の案件に限らず、小さな控訴でも代理人として人助けができたときにはモチベーションは上がる。その繰り返しをしていたから現在の成功につながった」と語ってくれました。

しかし、人の欲求とは限りなく高まってしまうもの。たとえば、定食屋の生姜《しょうが》焼きがお気に入りのEさん。仕事で成果が出たときにご褒美として食べることが、彼のモチベーションを高める要因になっていたとしましょう。

ところが誰かに連れていってもらった黒毛和牛のコースが本当においしかったとしたら、これまで好きであった安い生姜焼きでは物足りなくなるかもしれません。

あるいは出版社の編集者として、100万部のベストセラーを企画したFさんの場合、業界のスターとして扱われて以来、重版はおろか10万部を突破しても満足することができなくなり、常に100万部を目指していました。

しかし実際には、黒毛和牛のコースを日常的に食べ続けたり、100万部を突破する作品をつくったりすることだけをモチベーションにしていたら、仕事はやがてしんどくなるのではないでしょうか。

つまり、**モチベーションを上げる要因を大小織り交ぜて持っておく**のです。

100ページで詳しく説明しますが、私はよくモチベーションの変化を確認するために、「モチベーション曲線」を描くことがあります。過去から現在まで普通の状態を中心においてモチベーションが下がれば下にプロット、上がっていれば上にプロットし、線でつないでみるのです。

大事なことは、下から上に上がった瞬間がいつで、そのときに何が起きたのか振り返ることです。大きく上げたとき、小さく上げたとき、そこにはいくつもの要因が見つかるはずです。

そしてモチベーションが上がった些細な要因に注目し、それを大事にしてみるのです。

たとえば、「提案書がスッキリと作成できるようになった」、「会議での説明がスムーズにでき、周囲が頷《うなず》く姿が見受けられた」、「いい仕事ぶりですねと後輩から称えられた」といったことです。

周囲からすれば大したことないと感じるようなことでも、自分からすればモチベーションが上がる出来事は日々たくさん起きているはずです。

こうした上がる要因となる日常の出来事こそが重要です。

ぜひ、過去の出来事を振り返り探してみてください。些細ながらも再現性をもってモチベーションを上げてくれる要因が見つかるはずです。

もし見つけることができれば、それは偉大な発見となります。

この要因に遭遇する機会を増やせば、仕事の成果が加速度的に上がるかもしれないからです。

モチベーション曲線を描いてみよう

学生が就職活動するときに行うのが自己分析。学生なりの過去の経験・出来事をもとに自分の強み、弱みを整理したり、どのような仕事であれば自分に適性があるかを探り、企業へ行う自己PRを考え、企業・職種選びの根本となる役割として自己を分析することをいいます。自己分析は就活の方向を決定づける指針＝コンパスのようなもので、深くまで自己分析ができていれば、取るべき行動は明確に見えてくるといわれています。

モチベーション曲線

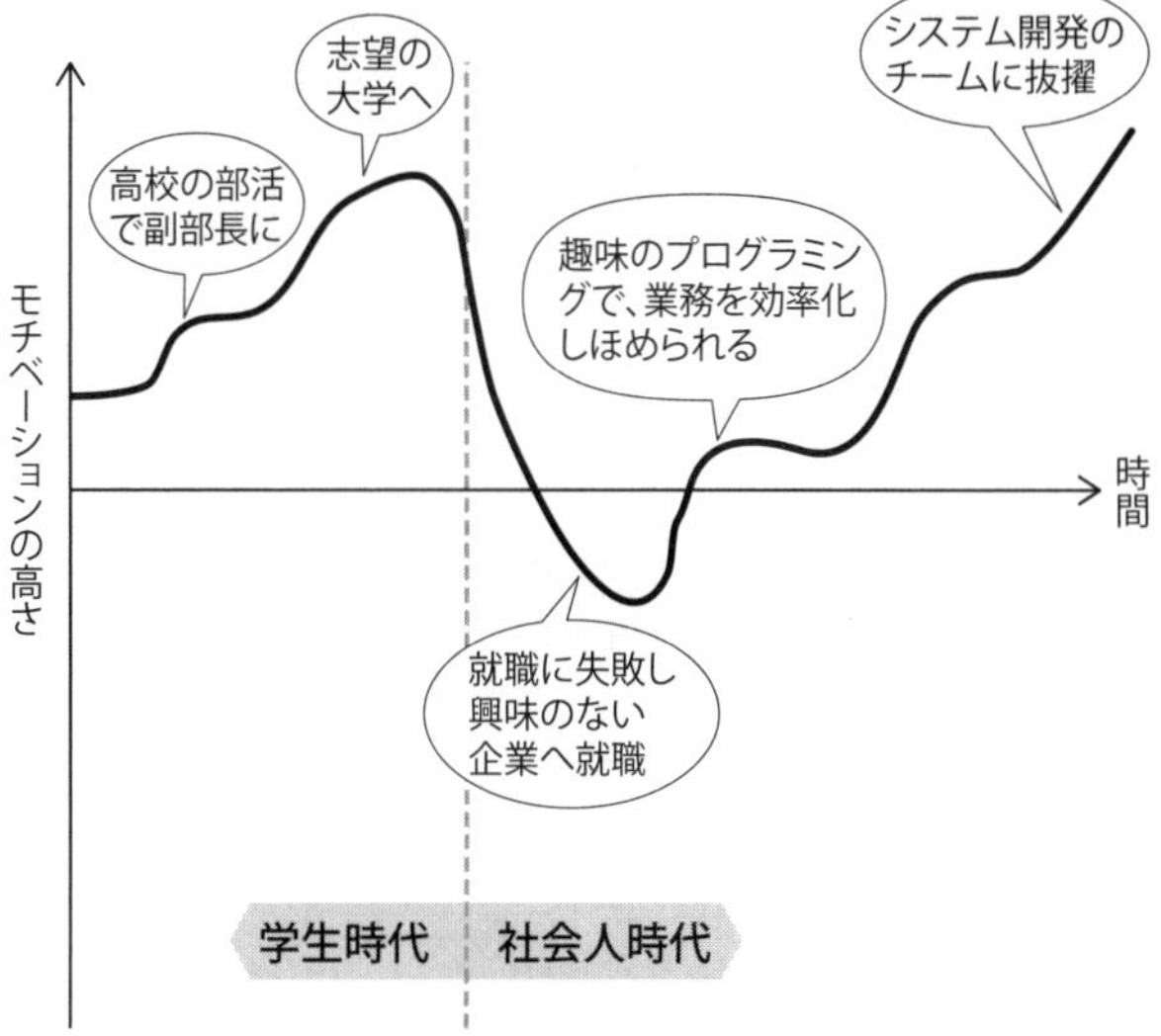

こうした自己分析の方法の一つとして定着しているのが、先に説明したモチベーション曲線です。過去の自身の体験を振り返ってモチベーションの上がり下がりを紙に書き込んでいくのです。

モチベーション曲線は横軸に時間、縦軸にモチベーションの高さとしてその上下を時系列に書いていきます。作成にあたり用意するものは、紙とペンだけです。時間軸である横軸は、紙に「小学校時代」「中学校時代」

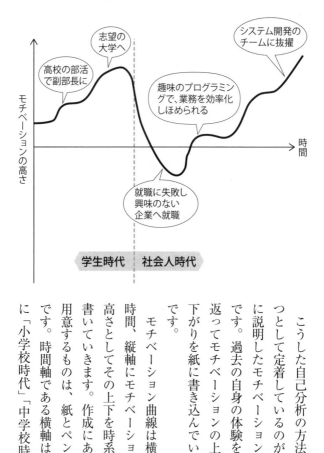

「高校時代」「大学時代」といったように大まかな期間で分けましょう。それぞれの時代を振り返り、感情の起伏の原因となった出来事をなるべく多く思い出してください。作成で大切なポイントは、面接や就職活動を意識せず、些細なエピソードとそのときの感情を思い出すことです。あくまで自分のモチベーションとなる要因を深掘りするための作業というポイントを意識してください。

そして、過去の体験を思い出しながら、モチベーションが高かったとき、低かったときを、図のなかにプロットしていきます。学生時代であれば勉強、バイト、部活、習い事、友人や家族との関係、生活状況など、頑張れたことから挫折経験まで、すべて正直にプロットします。そのプロットをつないでいくと山と谷があるはずです。その山と谷に注目してください。

たとえば、大学2年生の夏に大きな谷があったとします。そこが谷であることの理由を自分に問いかけていくと、夏合宿の試合で大負けした、友人との人間関係で裏切られたといった具体的な要因が見えてきます。逆に山にも同じように理由を問いかけていきます。すると、自分のモチベーションを司《つかさど》る要因が見えてきます。

私であれば、勝負して大きく負けたタイミングが谷で、逆に勝てたと感じたときに山になっていました。要は負けず嫌い。勝ち負けにこだわるタイプで、他人に認められたいという性格が見えてきます。これを自己分析として活用するのです。

当然ながら学生だけでなく社会人になってもモチベーション曲線は自己分析として効果的です。自分であれば、社会人になっても「同期社員に勝った・負けた」で山・谷が生まれた時期が早々にありました。

それが時間の経過とともに変化していきました。たとえば、成長実感が得られないように思える職場に異動したときやビジネスパートナーとの仕事の機会に応えられなかったときに谷が生じるようになったのです。仕事に対する経験や価値観の変化で、山・谷につながる要因が変わることを実感することができました。

自分の変化を分析してみると、おそらく相対的な勝負に勝つことから、自己成長や信頼関係の構築がモチベーションを高める要因に変わっていったのです。

このように、記憶を振り返りモチベーションの山・谷をプロットすることで、これまで気づかなかったモチベーションの要因が見つかることもあります。

自分であれば、30代中盤に大きな山や谷のない平坦な状態が続き、ある日突然に深い谷が生まれていたことにモチベーション曲線を描きながら気づくことになりました。どうして谷が生じたのか自分に問いかけてみたところ、慣れていた仕事のやり方を捨てなければならない状況に陥ったタイミングであったことが思い出されました。

自分で編み出した仕事の進め方が、相手との関係で全く使えなくなったことがモチベーションダウンを生んだのです。

そして、仕事の新たな進め方に試行錯誤しながら取り組み、安定した成果につながる状態が見えたときにモチベーションは急上昇しました。

そこで改めて、どうして上昇したのかを問いただしてみると、どうやら当時の自分は「安定した成果の出る仕事の仕組みをつくること」がモチベーションであったようです。

このことは当時の自分でも気づいていませんでした。

このように、**過去の出来事や自分がとった行動に対して自問自答を繰り返すことで、自分の性格や行動特性に気づくことができます。**

みなさんもモチベーション曲線を描いて、ぜひ自分の隠れたモチベーションを見つけ出してみてください。

「どう見られるか」をモチベーションにしない

「お客様の笑顔を見ることがモチベーション」と話してくれたのは、介護会社を経営しているGさんでした。仕事で経営者の想いをインタビューする機会にお聞きしたのですが、聞きながら違和感を少し持ったことを覚えています。

「具体的に笑顔を見てモチベーションが上がったときのことを教えてください」と質問し話していただいたエピソードがあったのですが、何となくできすぎというか、きれいな話にまとまりすぎていて、共感度合いが低かったのです。

話している目を見ても、本気で思っているようには思えませんでした。そんな表情から嘘っぽいと感じてしまったのか、あるいは言葉の抑揚から本気度が感じられなかったのかもしれません。

そんなモヤモヤした状態でインタビューは終わりましたが、よくよく考えると、この答えは多くの経営者から聞く回答ともいえます。だとすれば、経営者の相当数はお客様の笑顔をモチベーションにしていることになりますが、本当にそうなのでしょうか？

私は、モチベーションが高まる要因は人それぞれ、しかも一つではなくていいと思っています。当然、周りからどのように思われるかは関係がありません。

そう考えると、彼はもしかしたら周囲からよく見られたいために偽りのモチベーションを語っているのでは、と思えて仕方ありませんでした。

偽りのモチベーションに振り回されることは望ましくありません。本当は、お客様の笑顔を見てもモチベーションなんて高まらないのです。実際は、職場の同僚に「君はすごいね」と言われるとモチベーションが高まるのであれば、堂々とそれを大切にしてほしいのです。

大事なのは、自分のモチベーションを上げる本当の要因をおさえておくこと。なぜなら、**意欲が低迷したときに、偽りのモチベーションは何の役にも立たない**からです。いち早く立て直すためにも、モチベーションが高まる本当の要因に触れる必要があるのです。

モチベーションが下がるのは挑戦の証

ちなみにモチベーションが落ちる機会がたくさんあることは、実はいいことかもしれません。

その理由は、**新しい挑戦をしている分、モチベーションが下がる機会が増える**からです。さまざまなことに取り組んでいるからこそ、失敗や苦難に遭って、モチベーションが下がることが起きるのです。

そんな果敢な仕事ぶりで堂々とモチベーションを下げている知人を紹介しましょう。

彼は社内で誰も成功できなかったプロジェクトに挑戦して失敗。さらに周囲からは「できるわけないよ」「頑張るポーズを取る姿勢は嫌いだな」などと批判を受けました。

彼に普通の仕事を任せれば、期待以上の仕事を仕上げる高い能力をもっているのですが、本人はそれでは満足できないようです。いつも難しい仕事を引き受けて苦労を重ねていました。

当然ながら上手くいかないことが多いので、「モチベーションが頻繁に落ちる」と語ります。しかし、なぜそれでも続けられるのでしょうか。

それは、過去に成功して感激した機会を思い出したり、少しでも成果につながる兆しが出るように心がけたりして工夫を凝らしているからだといいます。そんなとき、偽りのモチベーションでは効果を発揮しません。だからこそ、本当に自分にとって大事なモチベーションをおさえておきたいもの。

それがあれば、挑戦も怖くはなくなるのです。

変化の少ない職場は幸せ?

モチベーションの上がり下がりの幅を小さくしたい人、あるいはモチベーションが平坦な状況に極力身を置きたい人もいます。

先ほどの挑戦心溢れるタイプとは真逆で、標準的な仕事を標準的にこなして、標準的な評価をもらい、標準的なキャリアを描いている人などです。私は木漏れ日に佇《たたず》むような仕事ぶりの人とたとえることがあります。昔でいえば、手売りでタバコを売っていたタバコ屋の店主のような人でしょうか。利権の関係もあり、それなりの売り上げはキープされるものの、次の展開は見えづらい。そんな店で座っている店主の仕事ぶりを想像します。

変化の少ない職場環境で仕事をすること、さらにその環境を継続的に希望する人。ルーティンワークだけの仕事に従事することとも表現できるかもしれません。

大半の会社にこうした仕事が存在し、かつそれなりに人気があります。たとえば、定型的な業務に限る管理部門の仕事は、人手不足の現在でも応募数が求人を大きく上回る人気職種です。安定志向で仕事をしたい人が相当数いるのかもしれません。

さて、そんなモチベーションの上がり下がりが少ない仕事を望む人は、それが悪いというわけではないのですが、仕事を選択する幅を狭めている気がして、実にもったいないと感じます。

仕事にインパクトを残していく人は、難しい仕事をやったり、新しいことにチャレンジしたり、全く縁もゆかりもない環境に身を置いたり、仕事に対して果敢に挑みます。

当然ながら自分のモチベーションが落ちる要素にたくさん遭遇します。けれども、そのときにそれを乗り越えていくための工夫を凝らして成果を出しています。

そして、次々と新たな仕事に取り組むことで、自分の幅をドンドン広げていくのです。

こう書くと、面倒くさくて大変なことのようにも思えます。「そんなことをやるくらいなら、いまのままでいい」「自分にはそんなことは到底無理」と思う方もいるでしょう。

しかし挑戦する人としない人、そこにはどんな差があるのでしょうか。

彼らを観察してみると、実際には能力の違いはそれほどありません。

何か差があるとしたら「やるか・やらないか」の違いだけです。

もし仮に、誰でもやれる機会をもらえれば、多くの人がそれなりの仕事を成し遂げられるほどの能力を持っているような気がしてなりません。

仮にあなたがやりたくもない大役を任されたり、したくもない出世をさせられるとしましょう。「自分には到底務まらない」と思うかもしれません。しかし、会社は覚悟もあり周囲も支援してくれます。それを任せるために適任であると判断しているから任せるのです。

繰り返しますが、挑戦をすればモチベーションが下がる場面に遭遇する機会は増えます。しかし、そこから得られるものを考えれば、**挑戦してみるか、今のまま淡々と続け**

ていくか、選択の機会だけでも持ったほうがいいと思います。前者を選んだ結果、モチベーションが下がることになったとしても、その勇気は称えられるべきものです。モチベーションが慢性的に低い状況は、もともと能力がある人の成長機会をそいでいるともいえます。慢性的に低いことを是とせず、上げる努力をしたいものです。

不本意な異動はどう乗り越える?

モチベーションが大きく下がる機会として、納得できない人事異動があります。せっかく人間関係が構築できたのに、全く違う部署に異動の辞令が出た。あるいは、子会社に出向することになったが、明らかに飛ばされた人事である。こうしたことは非常によくあります。

こうした辞令を受けたときに「納得できません」と口にする人は意外と少ないのですが、はらわたは煮えくり返って「ふざけるな」と怒りを覚える人もいるようです。ただ、文句を言っても事実は変えられません。モチベーションがドーンと落ちてしまう人が大半ではないでしょうか。

知人でも東南アジアの子会社に出向が決まり、その壮行会で落胆の姿を見たことがあります。「悔しい」と泣いていました。当然ながら、赴任後もモチベーションは上がらず、仕事は不調。メンタルを病んで退職してしまいました。彼曰く、それまでにやってきた仕事ぶりが全否定されたように感じたとのことです。

このように、納得できない人事異動は、その後の仕事のモチベーションを長く下げた状態にしてしまうことがあります。私が見てきた経営者たちは、いかに乗り越えてきたのでしょうか。

彼らを観察すると、入社した会社でさまざまなキャリアを経ているのですが、順風満帆であった人はいませんでした。乱暴な言い方をすると、何らかの〝やらかし〟をしてモチベーションが下がる辞令を何回か受けています。

たとえば、大手製造業の社長は30代で大きな損失となる失敗をしました。さらに報告を怠り、被害が拡大。その責任を取らされて主任から海外子会社の担当に降格します。自分の責任とはいえ、モチベーションは瞬間的には大きく下がったようです。

しかし、下がりっぱなしでは終わりませんでした。

前述した幸せの基準を低く持てるタイプだったようで、海外での新たな環境で行った仕事から生まれた成果に喜びを感じ、「ここで頑張ろう」と思えるまで時間はさしてかからなかったようです。

「以前のままだったら、本社で順風満帆な出世をして、調子に乗っていたかもしれない。自分は大したことはできないのに『自分は仕事ができる人材だ』と勘違いしていた」と反省する機会にもなったようです。

与えられた試練を避けることなく受け入れることで、新たな気づきや成長の機会につながったのです。さらに「仕事を教えてほしい」と子会社の社員から相談をされることも増えました。

そのときに**「自分のやるべき仕事ではない」と無下にすることなく、「自分を必要としてくれている」と思うことでモチベーションを高めた**といいます。

自分の過去の経験を活かして業務改善やマネジメント改革を行ったところ、会社の業績が改善していったのです。

さらに現地の社員たちと楽しく仕事をこなし、モチベーションは上昇するばかり。そんな仕事ぶりを聞いた本社の人事が3年後には元の職場に戻し、それ以後、彼は大活躍して社長に上り詰めたようです。

そんなに運良く返り咲けるのか、と思われるかもしれませんが、もともと本社の仕事や経営に近いところにある仕事は、モチベーションが大きく下がることがよくある大変な仕事です。そんな厳しい環境で仕事をしている当事者は、一緒に想いを共有して成果を導ける人材を常に探しています。そこで、一旦は飛ばされた人材でも見いだされることがあるということなのでしょう。

人事異動で不本意な辞令が出たとしたら、時には「もう自分の社会人人生は終わりだ」とまで思えますが、そのあとの自分のモチベーションの持ちかた次第によっては、大きくプラスに転換する可能性があるのです。

上司が評価してくれないのはなぜか?

人事評価に対する不満でモチベーションが下がったとしたら、対策はあるのでしょうか?

そもそも評価に対する不満がない職場は皆無です。多くの調査では、人事評価で不満を表明する社員が過半数で当たり前、「評価基準が不明確」「評価者の価値観や経験による不公平感がある」など、言い出したらきりがありません。

基本的に人事評価では、相対的な調整を行う会社が大半です。そのため、自分なりの頑張りを誰かと比較されているのを社員は理解しています。そのため「自分以外の誰かは、もっと高く評価されている」といった不満を抱く傾向があります。

おそらく誰でも大なり小なり評価に対する不満は抱かざるを得ないのですが、その結果モチベーションが下がってしまったらどうすればいいのでしょうか？　私は三つしか選択肢はないと思っています。

なんとか納得して仕事に没頭するか、思いっきり気分転換して忘れる、それが無理なら会社を辞める、この三つです。

人事評価に対する不満を職場で伝えることはとても難しく、リスクがあります。いくら納得がいかなかったとして「評価が間違っているんじゃないでしょうか？」と発言したとしても、それがプラスになることはまずありません。

人事評価は確定してから伝達されます。「納得できません」という個人の意見によってコロコロと評価が変われば、人事評価の運用は不可能となり、会社の判断軸の根幹が崩れることになります。

そのような不満は、「水に流して気にしない」と発言する上司もいますが、どうしても「評価に対して不満を口にする」という人物イメージはぬぐえなくなります。

納得できない要因が事実として多少はあったとしましょう。上司が仕事ぶりを見てくれていなかったとしても、そもそも完璧に部下の仕事ぶりを見ることは不可能です。そうした見逃された仕事ぶりは誰にでもあるものです。

あえて言うなら、**次回以降の申し送りになるよう、心証を悪くしないようにアピールをする方法があります。**

人事評価は目標設定を行い、その達成度合いを評価する機会を経て決まります。各社により違いますが、上司と経過をすり合わせる機会が何回か設けられるようになってきました。最近は評価に対する不満を口にする部下が相対的に増えているので、評価する期間の間に何回かすり合わせることで納得性を高めたいからです。

こうしたすり合わせの機会を活用して、取り組みを巧みにアピールするのが有効です。たとえば、

「この仕事の成果は、昨年に取り組んだ○○のような活動が実を結んだためだと思います」

と評価されなかった過去の仕事ぶりを現在の成果につなげて説明すると、現在の評価で加点要素になる可能性があります。

変わらないことに対してモチベーションを下げるのは得策ではありません。会社を辞めるのは最後の手段。その前に、なんとか切り替えてモチベーションを上げる工夫をしてみましょう。

具体的には、過去にモチベーションを上げてきた状況に自分をどっぷりと置くのです。たとえば、お客様から感謝されることがモチベーションであれば、そのような経験をした取引先を訪問してみる。仕事を通じた成長実感でモチベーションが上がるなら、実現できそうな仕事から取り組む。人から承認されることでモチベーションが上がるなら、そうした機会を得やすいように自分の存在価値を正すべく、誰かと飲みながら確認して

みる。

こうした取り組みをするとモチベーションが次第と元に戻るのを感じるはずです。腐ることなく淡々とこなすことが、めぐりめぐってあなたの評価にもつながるでしょう。

モチベーションが〝高いフリ〟をする

自分のせいでは全くないのに、後ろ指をさされ、尻ぬぐいをするような仕事をすることになり、モチベーションがどん底まで下がる状況に遭遇することがあります。

友人の勤務する会社が、疑獄事件のようなことを起こして、倒産寸前にまでなったことがありました。社長の不正会計と不正融資を受けたことで銀行傘下になってしまったのです。

メディアでも取り上げられたので誰もが知ることとなり、社外の人に会えば「お騒がせしています」と頭を下げる日々が続いたようです。さらには本人は責任がないのに「謝るべき」と土下座を求める取引先もあったとのこと。

以前に食品メーカーで表示の改ざんがあった会社に勤務していたHさんは、自社の商品を投げつけられたり、「二度と敷居を跨ぐな」と出入り禁止を言い渡されたことがあったといいます。さらに、居酒屋で予約するときに社名を伝えたら、その社名は出せないので代わりに偽りの社名を名乗るように言われ「プライドがずたずたになった」と語ってくれました。家族も近所から「大変な会社に勤務されているのですね」と言われて肩身が狭い時期が長く続いたようです。

会社の不祥事以外にも、部下の失敗や誰かの尻ぬぐいなど、自分の仕事ぶりと関係ないのにもかかわらずモチベーションが下がるような出来事は頻繁に起こります。

避けられない災害のようなものといえますが、「どうして自分にだけ損な役回りがくるの?」とか「気分が滅入って仕事に力が入らない」と感じざるをえない状況といえます。

こうしたトラブルは、長い人生で誰もが遭遇する試練といえますが、「やってらんないよ」という本音を抱えながら、どうやって自分を納得させて動かしていくのがいいのでしょうか。

実は、こうした状況を乗り越える姿勢を周囲は見ています。そこで、まずはここで状況を楽しんでいる姿勢を示すことが重要です。

つまり、**モチベーションは低いままでもいいのですが、高そうな姿勢をつとめて振る舞うのです。**

不思議なもので、そうすると大抵の場合に状況はプラスに転じます。

こうした厳しい状況に置かれて、モチベーションが極端に下がらない人なんていません。だからこそ、そんななかでもモチベーションが高そうな態度で取り組んでいると、それだけでメンタルが強い、逆境に強いと周囲は認識し、評価してくれるのです。それがきっかけとなり、新たな機会も与えられることでしょう。なぜなら、そんな前向きな人材を長く厳しい環境に置いておくことは、会社にとってももったいない話だからです。

モチベーションを無理に高くする必要はありません。そこを「高いフリだけでも評価してもらえる」と考えると、少しは気持ちが楽になりませんか?

長い社会人人生で、大変な状況に置かれることもあるでしょう。そんななかでも、モチベーションを高く振る舞う処世術も備えておきたいものです。

第4章　自分の中にいるモチベーション下げマン

いつもクールでいるのは得策？

モチベーションは、自分でコントロールできないさまざまな要因によって上がったり下がったりします。前述したように、善意を持った相手の言葉によってでさえ下がることもありますし、極端に言えば、3日続けて雨が降って傘を2回なくしたなど、天候や不運で下がることもあるくらい気まぐれなものです。

繰り返しになりますが、生きていく上で、モチベーションが下がることは避けられません。それよりも、下がったら速やかに上げるための手立てを覚えておきたいものです。

一度モチベーションが下がると、さらに加速するようにモチベーションが下がる要因に巻き込まれて、アリ地獄のような状態に陥ることがあります。そんな状態にはまらないために、少しでも早くモチベーションが上がる要素を見いだす。その方法をこれまで綴《つづ》ってきました。

本章のテーマは、「敵は自分自身にあり」。自分自身のマインドがモチベーションを下げる要因になるケースを探っていきます。

その一つとして「冷めた自我」があります。冷静・クールと言い換えてもいいのですが、ようはモチベーションに踊らされている自分が嫌だと思う気持ちのことです。

これくらいのことでテンションが上がるのは格好が悪い、もっとスマートに仕事をしている姿勢が自分らしさでありたい。あるいは周囲で感情をあらわにする人を見て反面教師になっているなど、冷めた自我を実感したことはないでしょうか。

人は、モチベーションのアップダウンが顔の表情に出る人と、出ない人の2タイプに分かれます。たとえば、あからさまにがっかりとした態度をしてモチベーションが下がったように見える人と、一方で、見た目は全然変わらないにもかかわらず、実はモチベーションがドーンと落ちている人もいます。

どちらが好まれるかというと、見た目が変わらないタイプです。明らかにモチベーションの変化が見える人を毛嫌いする人もいるほどです。たとえば、常に冷静を装うタイプの知人がいますが、その人は「感情の起伏が激しく見える人が大嫌い」と断言するほどです。

ただ、そんな人でも当然感情の起伏はあります。仕事で失敗すれば悔しさにあふれ、成功すれば喜びを感じるのですが、あくまでもその感情は表さない。冷静を装うことが美学なのです。

しかし、極力感情の起伏を起こしたくないというバイアスを備えてしまい、自らのモチベーションを平坦にしようとするあまり、ときには自身で下げてしまうことがあります。

弁護士や医師など、冷静沈着を装う職業の人は本当に冷静なのでしょうか？　こうした職業の人は、患者や依頼主との対話で適切な回答を導き出すために、冷静な態度と質問が必要といわれます。

たとえば、医師が患者に「どのように痛いんですか」と病状を聞くとき、ある医師は、「痛みの症状を聞いて驚いたりかわいそうな表情をしたりしたら、患者は『重大な病気かも』と不安に駆られて的確な回答ができなくなる」といいます。そのため、努めて冷静に表情を変えずに質問をするとのこと。

「こうした仕事を続けていくと、冷静であることが正しいことに思える」と言います。つまりモチベーションの上がり下がりが頻繁にあるのは望ましくないと感じるのです。

結果としてモチベーションが上がりそうになると自制する、あるいは自ら下げるということを自身に課すようになります。

医師や弁護士だけでなく、その他の仕事をしている人でも同じようなスタンスの人はいます。

ところが、**「仕事はモチベーションに踊らされたくない」と考え振る舞うことで、むしろモチベーションが下がった状態のなかに低迷してしまう**ことがあります。

人は誰でもモチベーションが上がったり下がったりするもので、その起伏をすべてなくすことは難しいものです。確かにどんなときも淡々と冷静に仕事をこなしている人は格好良く見えるものですが、感情の起伏のあることさえも卑しいと思うことによって、逆効果にならないように気をつけなければなりません。

こうした罠《わな》にはまってしまうのは、自分の仕事がうまくいかないときに「なぜ、どうして」と深く考え込む人に多い気がします。深く考える癖はその人の長所でもありますが、**時には考えすぎずに、自分の上下するモチベーションをそのまま受け入れると楽になります。**

体調だって、いいときもあるし悪いときもあります。仕事がはかどらない時期だって生まれます。それ自体は仕方がないことだと割り切るのです。

たとえば風邪を引いたのであれば、早く体調を回復させ、今後は風邪を引きにくくするために、睡眠を十分に取り、食事を工夫するなどと考えるはずです。

モチベーションも同じです。下がるのは仕方がないと腹をくくり、早く上がる工夫や今後できるだけ下がらない工夫をすればいいのです。私はそのような心がけをしています。

ストレスがかかるくらいなら、モチベーションの無理なコントロールはしなくていいと思ってください。

「あっ、いま落ち込んでいる」と、その瞬間も楽しむくらいのイメージを持つと、自らのなかにいるMSMは解消できるはずです。

とにかくツイていないときの対処法

自らの境遇があまりに損なことが多いため、「モチベーションが低い状態が当たり前」

と考えている人がいます。これまでのさまざまな経験でモチベーションが下がる場面にたくさん遭遇してきたことで、その状態を当たり前と考えてしまうのです。

自分のモチベーションの変化を描く「モチベーション曲線」を先に説明しましたが、それを描いていただくと、ずっと高い人はやはりいません。それなりに下がった時期も経験しています。

ところが時折、下がりっぱなしの人に遭遇します。「どうしてですか」と尋ねると、次のような不遇さを語ってくれるのです。

食品メーカーのマーケティング担当をしているIさんは、自分が担当する仕事がことごとく問題に巻き込まれると言います。TVの報道番組で「申し訳ございませんでした」と謝る場面にも数回登場するほどの境遇を経験しています。また、問題が起きた仕事から自分が離れたとたん急激に好調になり、あっという間に同僚が自分より上の立場になったこともあるようです。

おみくじでも凶ばかりで、占いをすれば「厳しい境遇にさらされる運命」と出る。だから自分の仕事による成果に期待していないのです。

「モチベーションが上がることがあっても、それ以上に下がる状態に遭遇する可能性が高いから、平均的に低い状態をキープしています」と不思議な信念を教えてくれました。

確かに損な役回りに立たされることが続き、意欲が下がる状態に置かれている人はたくさんいることでしょう。ある意味でモチベーションが下がった状態を甘んじて受け入れるための口実と言えます。

このように、相対的には不遇な人は確かにいるかもしれません。しかし、なんとか鬱屈した感情を打ち払い、モチベーションが上がる要因を思い出して、自ら高めることをあきらめないでほしいと願います。

というのも、**実は損な役回りと思っている機会が、周囲から見ればそうでもなく、むしろ仕事の成果につながる可能性を秘めていることがよくある**のです。

たとえば先述した不遇の彼は、謝る境遇の時期を経験したことでクレーム処理の専門性が高いと思われ、その分野では社内で高い評価を得る存在になっていました。ただ、その評価の意義を本人は深く認識していません。そのため「損な役回りなので」と嘆くのですが、周囲からすれば、それなりに恵まれた状況と思われていました。

損な仕事が意外と得なワケ

このように、世のなかの仕事には損な役回りに見えても、実は「得な役回り」と断言する意見も結構あります。

というのも、クレームの声から、改善のヒントや新たなビジネスの芽がたくさん見つかる機会に恵まれているからです。クレームを上げる人こそ、ロイヤリティーの高いユーザーに変えることができる予備軍とも言われています。

問題を解決してくれたプロセスがホスピタリティーに溢れていることで、「信頼できるようになった」というユーザーの声を聞くことがよくあります。そのため、クレーム対応の仕事を厄介な仕事として扱うのではなく、将来の発展につながる大事な仕事と考える会社が増えているのです。

クレーム対応に限らず、社内で中核とは呼べない事業部門の仕事など、一見損をしているように見えても、高い専門性を磨けたり、小さな組織では経営に近い仕事ができたりするなど、自分のキャリアにとって得になることがたくさんあるものです。

プロスポーツ選手でレギュラーになれずに、ずっと控え選手だったという人がいます。しかし、控え選手だった経験があったことから、早期にリタイヤする選手の気持ちを理解することができ、その後、セカンドキャリアのビジネスを立ち上げて、見事成功を収めるまでになりました。

また、たとえ光が当たらなかった仕事でも、注目度が低かったことでノビノビと仕事に取り組める貴重な機会になったと考えることもできます。

少々脱線しますが、バーベキューをするときに各人が手を挙げて行った作業により、各担当者の仕事の適性がわかるといいます。ある会社では、新入社員研修でバーベキューに行き、新入社員だけで作業を自由に行わせるそうです。

ご飯を炊く人、肉を焼く人、皿を洗う人など、本人がどの仕事を希望するか、そしてその仕事ぶりを見ます。すると、この人は営業職に向いている、あるいは管理部門で業務改善の仕事を任せてみようなどと各自の配属先の判断基準が見えてくるそうです。ちなみに、周囲からは損な役回りに見えるような皿洗いやごみ捨てなどでも、手を挙げてしっかりやり切れる人は、その役割をこなせると判断され、適任と思える配属先が決まることもあります。

つまり、損な役回りに見えていても、それほど損ではなく、持ち場として期待される仕事があるのです。評価としては決して一番ではないかもしれませんが、会社は、実は**地味な役回りを選ぶ人を非常に高く評価する傾向があるのです。**

不遇な状況にありモチベーションが下がり続けている人は、その状況で自分が得ていることは何か、それを次につなげる機会はないか振り返って、どうにかモチベーションを上げる方法を探ってほしいと思います。

仕事を適当にこなすようになってしまったら

ネガティブな性格ゆえに悲観的にものを見てしまい、自分の言動にブレーキさえ踏んでしまう人がいます。自己批判的な人ともいえるかもしれません。

このタイプの人は「いいよ、無理しなくて。あんなに頑張って結果が出なかったら格好悪いじゃん」というような形で自己批判をします。その自己批判によって自らのモチベーションを下げてしまうことになるわけです。

しかし、どうして自己批判してしまうのでしょうか？

おそらくそれは、なりたい・やりたい自分の姿とつながっていないからでしょう。

仮に自分がどうしてもやり遂げたい仕事があれば、その仕事に夢中になり、時間も惜しまず必死で頑張るはずです。

ところが、そうは思えないこと——たとえば、上司から言われたものの納得していない仕事や、先輩の代理で行う仕事などは、明らかにやりたい仕事とは思えないので自己批判が生まれブレーキを踏んでしまいがちです。

頑張っても評価につながらないと思える仕事全般においてもそうかもしれません。多少でも成果が出れば、人間誰しも褒められたり承認されたりすることを期待する気持ちが芽生えるものだからです。

社会人経験が長くなればなるほど、日々の仕事に追われて意義を考えなくなります。その結果として、仕事を〝こなす〟癖がつきます。

すると、それなりの成果は出るかもしれませんが、もうひと頑張りができずに期待以上の成果までは生みだせなくなっていくのです。

私も長い社会人人生のなかで、仕事を適当にやるようになってしまい、意義を見いだせなくなった時期がありました。仕事の成果が向上もせず、低下もしない閉塞感のある状態になったのが社会人10年目あたりでした。準備が不十分でも何となくこなせるようになったものの、進歩が見えないのでつまらない気持ちが充満していました。

振り返ると、新たな切り口を探す努力もしていなかった気がします。むしろ、大きな失敗でもして反省する機会があればよかったのでしょうが、それもない。自己批判のブレーキも利いている状態であったかもしれませんが、記憶が曖昧です。それくらい、仕事がかなりつまらないものになっていたのです。

そこで、まずは自己批判を少しでも減らすことを意識してみましょう。

そのために「この仕事は自分のためになる」と思える意義を探ってみてください。

自分のなりたいものとは何か、どのようなことに意義を感じるのか。

考える癖をつけるようにするのです。

自己批判のブレーキを外して、モチベーション高く仕事をしている人は周囲から魅力的に映ります。すると、どうなるのでしょうか？

仕事の報酬としてさらなる仕事が舞い込み、大きなキャリアアップの機会につながる可能性が高まります。仕事を楽しく挑戦的に行っているように見えるので、いまよりも高いレベルでさらなる成長を期待できると周囲が感じるからです。

私の周囲でも、自己批判をやめて新規事業を任されたことで大きなビジネスを社内で創出し、いまでは経営者として活躍している知人がいます。

ちなみに、その知人に自己批判ばかりしていた時期の自分に対して何か声をかけるなら、どのように声をかけるかと聞いてみたことがあります。すると、

「小さくまとまった、つまらない自分。それで楽しいのかよと問いたくなりますね」

と話してくれました。みなさんであれば、どうでしょうか?

仕事の意義の見つけ方

自分の仕事の意義について考え、自己批判のブレーキを踏むことをやめたなら、前のめりにモチベーション高く、仕事に取り組めるはずです。仮に期待どおりの成果が出なかったとしても「やっぱりブレーキを踏んでおくべきだった」と思わずに、「そのまま

続けるべし」と継続をしてください。

なぜかというと、こうした継続をしている人は周囲から高く評価されて、末永く仕事が任される存在になっているからです。たとえば、知人でTVにも出演しているコメンテーターのJさんがいます。くだらないダジャレを連発するだけの人のように思っていましたが、長く起用されるのには理由がありました。

よくよく見ていると、ダジャレにも皮肉や例えが巧みに織り込まれていて、ネット上で話題をたくさん提供していました。そうしたダジャレを発言するため、毎日3時間以上も読書や情報収集を欠かさない日々を過ごしているようです。

そんな地道な仕事ができるのも、自分の仕事に意義を感じているから。

自分の発言が社会の問題を定義し、社会が少しでもいい方向に動くような役割を担っていきたいと思いながらコメンテーターを務めているようです。そして、長く続けることで影響力も高められるので、継続した努力を心がけていると教えてくれました。

その努力が続く限り、彼のダジャレを見ることができるに違いないと私は確信しました。ちなみに、収録番組で4時間以上も拘束されて、コメントしたのは三つだけ。さらにオンエアーではすべてカットされるという劣悪な仕事もあるとのこと。それでも継続できるのは、意義を感じているからこそ、と語ってくれました。

なぜ私がここまで仕事の意義を見つけることの大切さを強調するかというと、**この意義こそモチベーションの源泉になる**からです。

その源泉は人によって異なりますし、時間が経過すると変わる可能性があります。自分にとっての「源泉」をおさえておきましょう。ちなみに源泉となるものは、時代をさかのぼると見つかることがあります。

たとえば、学生時代の自分が大いに気持ちが高揚したのはいつだったか、それはなぜだったのかと思い返すと、生徒会で会長補佐として学園祭を切り盛りしたときに、細かいことが苦手で、さまざまなクレームが舞い込んだものの、その対処に奮闘して大成功を収めた体験にこそ意義を感じた原点だとしたら、自分はリーダーを支えて、正しい方向に導くサポートをすることに意義を感じるのだ、ということが見えてきます。

時間が経過し、社会人になったいまも変わらずに誰かのサポートをして、組織をあるべき姿に導くことに意義があると感じるならば、自分の源泉もおのずと見えてくるのではないでしょうか。

先延ばしグセに効果的な思考法

何事も後回しにする人がいます。締め切りギリギリにやり切ってセーフという具合なので、モチベーションが上がらないままこなしているのかもしれません。

ちなみにみなさんは子供の頃、夏休みの宿題をいつになってから本気で取り組み始めましたか？ やはりギリギリ、提出期限が迫ってからの人が多いのではないでしょうか。私はまさにそのタイプでした。

期限が明日であれば何とかやり切るが、モチベーションは高くない。ただ、時間がないので必死にやる。宿題は常にそんなこなし方であったような気がします。

仕事もそんなふうに先送りして、締め切り間近にこなした経験は誰にでもあるはずです。

そもそも、なぜ仕事を先送りしてしまうのでしょうか。夏休みの宿題で考えると、「休みはまだたっぷりある」といった思考になっていたからでしょう。そこで、別の発想でモチベーションを高くする必要があります。


一日は愛《いと》おしい。明日は別の存在。

そんな貴重な一日に何をするのか？　どう過ごすのか？


そう自分に問いかけてみるのです。

夏休みの宿題で考えると「今日しか学びの機会はない。今日だから宿題を通じて学べることがたくさんある」と強烈に思い込めば、モチベーションにも火がついてきます。

実はこの方法は私も実践しています。私は吉野家の牛丼が大好きで、年間で50杯以上は食べるのですが、そのときに「明日には病気で食べられなくなるかも」と言い聞かせて味わうようにしています。すると、よりおいしさが際立つのです。

極論に思えるかもしれませんが、そんなちょっとした言い聞かせで人のモチベーションは変化するのです。もしかしたら、カレーを毎日食べていたイチローさんも同じようなマインドだったのではないでしょうか。

何事も希少性を感じるとモチベーションは上がります。仕事であれば、「退路を断つ」というイメージです。「今日しかない、今日を逃せば仕事として取り組めないかもしれない」と思うと、やらされるというよりは、自主的に前向きに取り組むことができます。

「退路を断つ」というと、やはり極端なシミュレーションが必要かもしれません。たとえば、眠いから打ち合わせは来週に延期しようと考えていたのを「今日、打ち合わせができないと仕事は没になるよ」と口に出すのです。すると相当前向きな打ち合わせができます。

私の知人の編集者も生産性の低さに悩んでいたようですが、「今日やったら自分は天才」「○時間以内にやらないと死ぬ」などと言い聞かせると、時間のリミットを意識しながらバリバリとこなせると語ってくれました。

このように口に出して思い込む手法としてアファメーションがあります。一般的には「私はできる」や「私はもっと良くなる」と肯定的な言葉で現実を作り出す方法です。この変則版として、退路を断つ状況を作り出してみるのです。

悲観的な未来ではなく、明るい成功に導くための手段としての活用です。

「今日やれば、明日はあんなことができる、こんなこともできる」

という口ぐせで前向きな状況を醸成するのも効果的です。すると、追い込まれて悲壮感が漂う状態に陥ることなく、意外なほどモチベーション高く仕事に取り組めるのです。

面倒くさい仕事を淡々とできる人は何が違うのか?

忙しいときに限ってややこしい仕事の依頼が舞い込んだり、興味のない役割を任されたりと、誰でも面倒くさいなと感じてモチベーションが下がる場面があるものです。

ただ、その程度は人によりまちまちかもしれません。たとえば、会社に出社したら個人情報管理に関するアンケートが届いていたとしましょう。問題の数は60問。回答にかかる時間は約10分。それくらいであれば気にせず淡々とこなしてしまう人が大半かもしれません。

しかし、なかには「面倒くさい、朝から一気にモチベーションが下がってしまった」と嘆く人もいます。自分の仕事の本筋とは関係ないと思えることや、単純な作業、何度も繰り返し行うことが義務づけられた仕事に対して、モチベーションが下がった経験は誰にでもあることでしょう。

このように「面倒くさい」「やりたくない」という感情は厄介で、モチベーションを下げる大きな要因になり得ます。いったいどう乗り越えたらいいのでしょうか。

こうした仕事に対して、コツコツとモチベーションを下げることなく取り組める人がいます。そうした人は、多くの職場で高く評価されています。

たとえば、製造業の工程管理部門で毎週のように本部から送られてくるスケジュール表の間違いがないか、確認する仕事を担当して20年のKさんがいます。モチベーションを下げることなく、淡々とミスのない仕事をしているので、工場内では支柱のような存在として尊敬を受けています。

淡々とした仕事を面倒と感じない人は、どんな能力が備わっているのでしょうか。

それは「胆力」です。

スポーツで例えれば長距離走といえるでしょう。スパルタスロンと呼ばれる246キロを走破しなければならないマラソン種目があります。このような過酷なランでも楽しく、前向きに参加する知人がいるのですが、彼を見ているとやはり胆力があります。彼のような性格では、仕事で面倒と感じることも少ないのかもしれません。

では、どうして胆力が養われたのでしょうか。

彼らを見ていると、**ゴールイメージが上手い**ことに気づかされます。

たとえば、同じ仕事の繰り返しでも、終わったときに「達成感がある」「それなりに勉強になる」「やってみたら意外と楽しい」などの喜びを想像することができるのです。

マラソンであればタイムよりもゴールしたときに大会スタッフに拍手されて嬉しい、ゴールした会場で振る舞われた豚汁が感動的においしい……といったことをイメージすれば、つらい長距離もリタイアすることなくゴールできるのでしょう。

オリンピックでメダルを獲得したあるランナーが「2時間でゴールした選手より7時間でゴールした選手の方が感動が大きいかもしれません。なぜならば、周囲が頑張りに共感して大きな拍手で迎えてくれるから」と話していたのを聞いたことがあります。

ちなみに、常々女性はゴールイメージの設定が上手だと感じます。何らかの仕事が終わると焼き肉を食べる、パンケーキを食べる、と決めている方をよく見ます。

しかも、その店の設定が細かくて、どんな焼き肉でもいいわけではなく、日本有数のグルメ情報サイトの評価が高く、自分の大好物の赤身肉が食べられる店を予約しておくなど、自身の感動にもつながる仕掛けを自分で作り出すのです。

そのゴールイメージがあると、モチベーションが下がりそうな面倒な仕事を任されても頑張れるのでしょう。

さらにいえば、ゴールの折り返しとなる地点にも、マイルストーンとして巧みにご褒美を準備する人がいます。ゴールがまだ見えない途中段階は、やる気がしぼみがち。そこで、中間地点に意欲の高まるご褒美を設定すると、不思議と面倒だとは感じなくなるのです。

私もマラソンを走ったことがありますが、折り返し地点では決まってブドウやスイカなどのおいしい果物が配られていました。このマイルストーンのご褒美があるので、マラソンを走ることが面倒と感じることなく、完走できたのだと改めて思いました。このように、ちょっとした工夫で、ぜひ「面倒」を「楽しみ」に変えてみてください。

負けグセ思考から抜け出すコツ

過去の経験から「これは無理、やっても上手くいかない」と最初からあきらめてしまうのは、仕事の経験が長くなればなるほどあることかもしれません。

過去に失敗をしていても、それを糧に再度挑戦し、新たな取り組みで成功させてやろう……と考えられれば一番いいのですが、失敗経験を積み重ねてしまったことで、結果が見えてしまったような気持ちになるのでしょう。

特に、思い出すのもつらいような痛ましい失敗はトラウマとなり、あきらめのマインドを醸成することになりがちです。ちなみに私は、小学生時代に歯の治療で壮絶な痛みを経験したことがあるのですが「痛いから止めてください」と叫んでも治療は止まりませんでした。

後日聞いた話ですが、治療が始まると集中しすぎて患者の声が聞こえなくなる先生がいるようです（そのようなタイプの先生は痛がる子供の治療には向いていないと聞きました）。こんなタイプの先生に担当されたことで、歯の治療には壮絶な痛みが伴うとトラウマになり、歯医者の先生に対する不信感は決定的なものになっています。

さて、広告代理店に勤務しているLさんは、クライアントに提案する企画書を初めて一人で作成しました。しかし、そこで大きな記載ミスをしてしまったのです。プレゼンの場面で上司が「申し訳ございません」と深く謝ることになりました。

クライアントは「気にしないでください」とケアしてくれたのでLさんは一安心したものの、そのプレゼンによって、受注に失敗してしまいました。

上司は大激怒し、社内の会議にLさんを呼んで「会社の恥さらし」と叱責したのです。この上司の態度には、同僚も「ひどい、そこまで叱ることはないのでは」と同情するほどでした。

この経験はLさんの痛ましいトラウマになったようで、一人で企画書を任されることを極力避けるようになりました。結果、これでは営業として一人前になれないと判断され、別の部門に異動させられてしまったのです。

恐怖感によるトラウマが根深いものだと、キャリアにまで影響することがあるのです。

逆に、失敗してもみんなで笑いとばすことができたり、お互いに次は頑張ろうと励ましあえるような仲間がいたとしたらトラウマにはなりません。

若手社員のMさんは大きな仕事のミスをしてしまったのですが、その夜に同僚が飲みに連れて行ってくれて「気にするな」とケアをしてくれたそうです。さらに、その同僚が過去の自分の失敗をさらけ出し、そこから学んだことや、その失敗を繰り返さないように何をしたかを教えてくれたといいます。

結果、同じような場面に遭遇しても「むしろ、やる気が湧いてきます」とプラスになったようです。

しかし、周囲にそんな仲間もいないなかで手痛い経験をし、何事も前向きに取り組めなくなってしまったらどうしたらいいのでしょうか。

まず自分に言い聞かせてほしいのは、**「自分がこれから取り組む仕事は、過去に失敗した仕事とは違う」と思い込む**のです。

「無理」とあきらめの気持ちが襲い掛かってくるかもしれません。しかし「この仕事は別のアプローチで取り組むから、過去とは必ず違う結果になる」と自分に強く言い聞かせるのです。

さらにトラウマの気持ちを醸成する環境を極力避けるため、一緒に仕事をするパートナーを変えたり、打ち合わせの会議室を変えたり、プロジェクト名を新たに定めたりするなど、トラウマの経験との違いを明らかにする努力も重要です。

よく仕事に行き詰まった社員に対して、「環境を変えてみたらどうか」と考え、人事異動や上司を変える会社があります。モチベーションが下がらないためのケアともいえますが、失敗経験の有無にかかわらず、誰でも無力感に陥る可能性はあるからこその措置といえます。

なぜなら、トラウマとなる出来事は突然、災害のように降りかかるからです。自分の気持ちをずたずたにする上司や仕事相手、気持ちがめげるような仕事の機会がいつ自分にやってくるかは運命のようなもの。

保険をかけておくつもりで、いざとなったら違う環境に飛び込む準備をしておいてもいいのかもしれません。

人事権のある人物と関係を構築しておいたり、一緒に仕事をする新たなパートナーを開拓しておいたり、思い切って転職するためのエージェント登録をするなど、方法はいくつもあります。

こうした準備をしていくだけでも無力感にとらわれ前に進めなくなることは少なくなるでしょう。

仕事のマンネリ化にどう立ち向かうか

「年齢が上がるとモチベーションを維持するのが簡単ではない。意欲が低迷しその壁に悩む」という話をよく聞きます。

仕事を始めたばかりのころは、あらゆることが新鮮で、成果が出ればモチベーションが上がり、逆にうまくいかなければモチベーションが下がるということが頻繁に起きます。そのボラティリティー（変動の度合い）が仕事にいい影響をもたらすことが多いのですが、中堅社員になると「中だるみ」に陥ってモチベーションの上がり下がり、すなわちボラティリティーが少なくなっていく壁にぶち当たります。

たとえば、広告代理店にいる知人のNさんは、クライアントに対するプレゼンテーションで契約の可否が決まる、アカウント営業をしています。

彼のモチベーションは、若手時代は受注の可否だけでなく、クライアントからの評価・コメントで上がったり下がったりしたといいます。「ありきたりの提案内容で何も感じなかった」と言われモチベーションが大幅に下がったこともあるといいます。

しかし、その次の提案で用意周到に準備した成果が出たのでしょう。「前回とは見違えるような内容でした。素晴らしい」と称えられたこともあり、モチベーションが大きく上昇。こうしたボラティリティーを通じて仕事の質が高まり、成長をしていったようです。

ところが35歳を過ぎると、そんな仕事の一喜一憂も慣れてしまうようになりました。仮に受注ができなくても「仕方ない。次で頑張ろう」と割り切り、提案レベルを上げる努力をしない状態になってしまったのです。そうした中だるみを感じる毎日を過ごしているようでした。

このように40歳前後になると、仕事も同じようなことの繰り返しで目標達成もほどほどとなり、頑張りすぎなくていいという落としどころが見えてくるものです。こうしたマンネリ化はどんな職種であっても直面する問題かもしれません。

こうした中だるみが起きる背景には、組織内に閉塞感が漂いやすい状況になっていることが一因と考えられます。

人事戦略としての年功序列や終身雇用が形骸化し、肩書きとなる役職をなくす「フラット化」の人事を導入する企業も増えてきました。その結果、仕事の幅や報酬が停滞している社員が増えています。そのことで次のキャリアという目標が不明確なまま働き続けることになり、閉塞感が生まれてモチベーションが上がらないという壁にぶち当たるのです。

あるいは定年という人生のゴールが見えてきた50代も同様です。いくら、これから頑張っても役職や報酬は上がらない。そうした人事制度が明確に定められた会社が多いため、あきらめ感が生じてモチベーションが上がらなくなる壁に直面するのです。

ちなみに、医師の方々に話を聞いてみると、40代、50代と年齢を重ねるとモチベーションが上がりづらくなるという医学的根拠はないとのこと。体力は落ちますが、それとは関係ないということなのでしょう。年齢を重ねたからではなく、自分に与えられた仕事をする環境に変化がないことが問題なのです。

人がやる気を起こすのは、変化があるとき。

新しいことに直面したり、やったことのないものに挑戦するときに変化は生まれます。モチベーションのボラティリティーが小さくなって中だるみしているのなら、自分に変化の刺激を与えることです。

ここで大切なのは、**変化を会社に期待してはいけないということ。自らが仕掛けて刺激をもたらしましょう。**たとえば、いま話題の副業に果敢に取り組むなどです。

日本政府は「働き方改革」で副業や兼業を推進しています。当初は多数の企業が副業を就業規則で禁じていたため、その広がりが遅れていましたが、今では大手メガバンクの行員や大企業の役員クラスで副業が推奨されるようになりました。推奨ということは強制的に「やれ」に近い動きといえます。おそらく数年後には副業・兼業していないと出世できない、評価が低いという極端な流れに変わっていく気配さえ感じます。

こうした流れに便乗して、変化の刺激を自分に提供していくと、新しい仕事がこれまでの仕事にもいい刺激を与え、モチベーションにつながることにもなるでしょう。

副業・兼業をきっかけに、「マンネリ化していた仕事を客観的に見る機会にもなり、仕事を通じた成長実感が戻ってきた」と話してくれる人が周囲にもたくさんいます。

もし副業・兼業が難しい環境にいる場合、社内外で新たな仕事や取り組み、プロジェクトに関わる機会をつくってみるのも有効です。会社によっては、ジョブローテーションとして新たな経験が得られる機会を積極的に提供してくれるところもあります。加えて、公募型で得られる機会を準備する会社も増えてきました。こうした機会を極力利用し、人事や上司にアピールしていくと、変化を得られる可能性は高まることでしょう。

一方で、社内で変化を得ることが難しい保守的な職場はいまもたくさん存在していいます。知人で製造業のOさんは、入社時から管理部門一筋のキャリアを積み重ねてきました。仕事上の専門性は得られたものの、変化に乏しく、これまでの経験から対処すれば何とかなる毎日を過ごしているとのこと。ゆえにモチベーションの上がり下がりを感じることが皆無な状態が何年も続いているようです。

このまま定年まで同じ仕事をして、成長実感ややりがいを得る機会がないまま時間が過ぎてしまうのか……と不安に駆られることもあると話してくれました。

もともと異動が少ない職場環境である上、そもそも異動を願い出ることが上司や会社に対する不満の表明と思われるくらいなので、変化が起きることは相当に難しいようです。

もし自分の職場がそのような環境であるなら、社外に活路を見いだすべきでしょう。

働き方改革の推進もあり、勤務時間は短くなり、退社後に変化を得られる取り組みもしやすくなりました。知人のPさんは、建設業に従事しながら趣味をベースに勉強会を主催しています。勉強会は週に1回。SNSで集客すると20名以上が参加する規模にまで拡大しているとのこと。参加者は年齢も職業もバラバラで、勉強会終了後の懇親会でざっくばらんな話をする機会もあるそうです。

そこで語られる不満や実情を聞くと「自分は恵まれているかも」とか「もっと真面目に取り組むべきことがたくさんある」と感じるといいます。

こうしたコミュニケーションがきっかけとなり、自分の仕事を見つめなおす貴重な機会になっているのです。

副業は難しいという人は、このような異業種交流という形でも得られる変化があるのです。

揺れ動く気持ちを楽しもう!

ここまで何度もお話ししたように、誰もが揺れ動く気持ちのなかで生きています。

ガタゴト振動している電車に乗りたくないと思っても、電車は揺れるもの。仕方がありません。

ただ、同じ電車でも「揺れるのが嫌だ」という人と、揺れを心地よく感じて寝てしまう人がいます。

上がったり下がったりする気持ち、それを心地よく感じることができたらしめたものです。

私は子供が小さいのでよく遊園地に行くのですが、遊園地にはさまざまなタイプのコースターがあります。激しいループコースターや、小さく縦横に動くコースターなど種類の豊富さには驚かされます。激しいアップダウンを好む人もいれば、小さい動きであれば楽しめる人もいるということなのでしょう。ようは動きで好みが分かれるのです。

モチベーションも同じかもしれません。モチベーションの急激なアップダウンがメンタル的にもたない人は、振れ幅が大きくならないようにコントロールする。

逆に振れ幅が気にならないのであれば、下がることよりも、大きくモチベーションが上がる要因を探って、自らを動かしていくのです。

自分のタイプを見極めて攻略していきましょう。

第5章　自らのモチベーションを高める言葉

悔しさは長期的なモチベーションにはつながらない

お客様からきついクレームを受けた上、上司から厳しい指導があったらモチベーションは下がるもの。そのまま放置していたら下がる一方で、仕事の成果にも大きな影響を及ぼす場合があります。

そこで本章では、そんなときにモチベーションを上げるために大事な言葉の投げかけや習慣をいくつか紹介していきましょう。

悔しさを忘れないための言葉を自分に投げかけた経験はないでしょうか。

スポーツの世界ではよく聞く話で、試合に勝って「前回の悔しさをモチベーションに努力してきました。勝てて嬉しいです」と涙しながらコメントする選手を何度も見かけたことがあります。悔しさは、失敗などしてモチベーションが下がったときに、「あんな思いは絶対にしたくない」とモチベーションを上げる要因になるということです。

ただ、時には悔しさがモチベーションにつながらないこともあります。それはどんなときかというと、「天候が悪かったから」、「レフェリーがフェアではなかった。もう1回やれたら結果は変わる」などと、敗れた要因を他者や環境にむすびつけてしまうときです。

こうしたときは、自分にはどうすることもできないのですから、うじうじ考えるほかありません。当然、モチベーションが上がる要素にはなりません。

大事なことは、悔しさの要因となっている負けを認め、受け入れること。それができれば、悔しさがモチベーションになります。

ただ、悔しさは意外と忘れるもので、時間とともに効果は薄れるといわれています。前述した言い訳が頭をもたげるからです。

たとえば「残念だったね。しかし、次やれば勝てるよ。接戦だったからね」と慰めてもらうと、悔しさが少しは癒えます。通常の仕事でも、自分自身で失敗を何回か振り返ったりすると「今回は仕方なかった」と思えてきます。

最初はまっすぐに負けを認めて悔しいと思ったとしても、そのうち言い訳が思いつくようになって強い感情が消えていくのです。まさに失敗が徐々にねじ曲げられていってしまう状況です。

自分の心を平常に戻すための防衛本能といえるのかもしれません。ですから、悔しさでモチベーションを長くキープすることは、厳しいことと覚えておきましょう。

では、長期的にモチベーションを保つには、どのような方法があるのでしょうか。

周囲に「あの人のようになりたい」と憧れの気持ちを抱ける存在はいませんか？

「自分の理想」と思える状態や人の存在は、諦めそうになったときや目標を見失ったときに立ち直らせてくれる長期的なモチベーションにつながります。

「あの人のようになりたい」という理想があるからこそ「内発的な動機づけ」が生まれ、成長につながるのです。私のイメージでは憧れ＝長期的モチベーション（スタミナ）だと感じています。

その憧れは、何から何までできるパーフェクトな人物である必要はありません。提案書のつくり方やお客様との接し方、朝礼での話し方など部分的な仕事ぶりであっても「すごい、その人のようになりたい」と思えれば十分憧れの存在といえます。

「自分の周りには憧れの存在なんていません」と思うかもしれませんが、部分的であれば可能性は広がります。

自分の周辺をよく観察して探してみましょう。できれば、身近な距離に憧れが見つかるのがベスト。それがどうしても厳しければ、「なりたい」と思える存在を経営者、歴史的な人物などと広げて探してみてください。

憧れの人の存在は、あなたの人生の財産になります。モチベーションが下がったときには「あの人はこんなときどう乗り越えたのか？　何をしていたのか？」と考えるようにして、自らを高めていきましょう。

自分の最高潮の状況を記録する

以前、水泳の北島康介さんが「ちょー気持ちいい」とアテネ五輪で金メダルを取ったときに発言し、大変話題になりました。会心の泳ぎと成果でモチベーションは最大限まで上がっていたことでしょう。

みなさんも、仕事をしていて気持ちいいと思える瞬間に遭遇したことはありませんか？

たとえば、大きなプロジェクトを任されて大成功を収めたとしましょう。おそらく、その途中には失敗しかけてモチベーションが下がったこともあったかもしれません。しかし、それを乗り越えて成果を出したときに気持ちは大いに高ぶったことでしょう。

実はこの瞬間が、後々モチベーションが下がったときの大切な原動力となります。

このときにどのような状態であったのか、それを忘れないように覚えておいてください。

単に「嬉しかった」などの感想を覚えておくのではなく、**具体的にモチベーションが最高潮に上がったときの状況を頭の中で描写しておく**のです。

たとえば、仕事がうまくいかない状況が続いてモチベーションが下がったときに「営業成績で1番を取り、社内表彰で社長から褒められた。周囲からもよくやったと讃《たた》えられた」とそのときの状況を事細かに思い出してみるのです。

あるいは、コールセンターの仕事をしていてお客様に喜んでもらえる仕事ができたとしましょう。「ありがとう、こんなに丁寧な対応をしてくれた人は初めてです」と感動の言葉をかけてくれた、その状況をモニタリングしていた上司から「素晴らしい仕事ぶりだ」と讃えられ、自分の気持ちが高揚した……といった具合に覚えておくのです。
そして、できれば口にしてみましょう。

「あのときの自分になりたい。だいじょうぶ、過去にもできたのだから、きっとなれるはず」

すると萎《しお》れた自分が奮い立つのを感じるはずです。

モチベーションが上がっているときは気持ちも高揚していて描写しておく余裕なんてないかもしれませんが、できればその瞬間から間もないうちに記録しておくことを心がけましょう。

それはどんな光景だったのか、どんな会話があったのか、どんな感情を抱いたのかと、できるだけ具体的に掘り下げて詳細を残しておきましょう。記録は日記でもSNSでも、メモにでもかまいません。それはあなたの財産となり、「いざ」というときのモチベーションを上げる貴重な手段にもなるはずです。

また過去であっても、モチベーションが上がった瞬間を記憶のある限りさかのぼり、モチベーション曲線として描いてみるのもおすすめです。

満たされてしまってやる気がでないケース

モチベーションの源泉が満たされるとどうなるのでしょうか。

私は満たされてしまった人にたくさんお会いする機会がありました。

たとえば、子供の頃から貧乏な家庭に育ち、学生時代も苦学生であった人が起業して株式公開し、それなりのキャピタルゲインを得たケースです。起業したのも、「稼いでおいしいものが食べたい、いい家に住みたい」という、マズローの説で言えば基本的なレベルの欲求に近いものがモチベーションの源泉でした。

ところが、やがてその欲求が満たされてしまったのです。そうなると仕事をする意欲がガクンと下がって、会社には出社しない、経営会議も他の役員に任せるという、やる気が見えない状態になってしまったのです。

自宅に遊びに行くとワインセラーに高級ワインがずらりとならび、「羨ましいですね」とコメントしたのですが、「そんなことはないですよ」と素っ気ない返事。以前は安酒ばかり飲んでいて「いつかは高級ワインを存分に飲める立場になりたい」と語ってくれたことがあるのですが、実現したのに嬉しそうに見えません。

曰く、高級ワインを日常的に飲めるようになるまではモチベーション高く仕事をしていて、少しずつ高いワインをレストランで選べる立場になることで、「もっと、高いワインが注文できるようになりたい」と仕事にも意欲的に取り組めたのですが、いくらでも高いものが注文できるようになったときに、高級ワインの注文はモチベーションを上げる要因にはならなくなってしまったというのです。

自宅に並ぶ高級ワインを眺めながら「本当はワインが好きではなかったといまは自覚しています」と話してくれました。

同じように、自分の欲しいものを買うことをモチベーションにしていた人が、ある程度それが満たされるとモチベーションにならなくなったと嘆く話はよく聞きます。さらに別のモチベーションが見つからずに、仕事に対する意欲が下がってしまった人もいます。

そう考えると、**満たされてしまった状況は、モチベーションの見直しを再確認するタイミング**ともいえるでしょう。

ここでも、自分の欲求を満たす要因をおさえておくことがやはり重要なのです。

別のモチベーションとなる源泉を見つけて、以前と変わらず意欲的な人がいます。銀座のあるクラブでちやほやされていた知人の経営者Qさんが、自分より相当に大物の経営者と遭遇したときのことです。

挨拶に行ったら、「君のことなんて知らないよ」と冷たく突き放されたのです。クラブの女性たちも、自分よりも彼を厚遇しているように見えたとのこと。

この状況に遭遇して、Qさんは「あの大物経営者より知名度のある存在になる」と決意します。仕事に邁進して、相当に大きな会社に成長させました。

些細なことのようですが、自分の新たなモチベーションを見つける貴重な機会になったようです。「周囲から認められる」という承認欲求が新たなモチベーションとして見つかったのですから。

このように、モチベーションは何かのきっかけで変わったり、あるいは新たに生まれたりすることがあります。

注目しておきたいのは、Qさんのように嫉妬する気持ちに駆られたときです。

前向きに高揚したときや、意欲的な感情になったときに自分のモチベーションに気づくこともありますが、このタイミングで新しい動機に気づくことが意外に多いのです。

嫉妬は最高のガソリンになる

嫉妬から気づくモチベーションの要因をもう少し続けてみていきたいと思います。

自分のポジションが優位に立つとき気持ちは高揚し、逆に劣勢に立つことで嫉妬が生まれます。そのような気持ちを感じる機会から、モチベーションの要因が見つかることもあります。

たとえば、会社の同期のなかで一番早く大きな仕事が任されたり、出世して管理職になったりしたときに嬉しくて気持ちが高揚します。逆に、自分よりも活躍していないと思っていた同期に先を越されたとき、嫉妬が湧いてきます。同僚だけでなく別の会社の同世代の場合もありますが、比較的身近な存在とのポジションの優位・劣勢の自覚は、気持ちを揺さぶるものです。

当然ながら、その気持ちをダイレクトに示すことが、自分のプラスになりづらい時代になりました。周囲の活躍には「おめでとう、頑張ってくれ」と称え、自らの成功は「自分なんてまだまだです」と極力謙虚にしていないと叩かれるからです。しかし、時にはネガティブな感情を大切にしないと、仕事での成長を止めてマイナスの状態に突き進む可能性さえあります。

私の知人で、仕事をしながらNPOで社会貢献している人がいます。それ自体は素晴らしいことですが、本業の仕事を完全に放ったらかしで注力しています。

「地球温暖化を1日でも早く食い止めるために自分は何ができるのか、毎日考えています」と熱く語るのはいいのですが、本業の仕事に話題を振ると「それはどうでもいい」と何も語りたがりません。企業秘密があって語れない場合もありますが、大抵の人はモチベーションが上がらない低迷した状態にあるといえます。

そんな人に「仕事の情熱を失ってしまったのですか?」と切り込んで質問したことが何回かあります。

すると、「仕事でモチベーション高くいることが、ネガティブにとらえられる職場だから」と語ってくれました。同期に負けたくないと意欲的に仕事をしていた時期、同期に負けた悔しさを表したところ「見苦しい」「会社は君だけで回っている訳ではない」と相当に批判されたことがあるとのことでした。

それ以降、感情を見せないように心がけるようになったといいます。それとともに、仕事に対する意欲が下がり「そこそこやっていれば十分」と思うようになってしまったと教えてくれました。

確かに嫉妬を明らかに表現することが批判される職場もあります。ただ申し上げておくなら、心のなかに感情を潜めておくのであれば問題ありません。

嫉妬だって自然に湧き上がるもの。
劣等感にフタをして聖人君子のような顔をしているよりかは、モチベーションに活用すべきなのです。

表面的には抑え目な表現を意識しつつ、しかし、心のなかで嫉妬を押さえ込む必要はありません。高揚と同様に、自分のガソリンとしてどんどん活用してみてください。

モチベーションを高める休日の過ごし方

「金曜日が来ると嬉しい」と、金曜日が来ただけでモチベーションが上がったことは誰にでもあるはずです。

ところが、みながそう思うかというと、どうも違うようなのです。逆に「月曜日が来ると嬉しい。週末が来るのは億劫だ」という人もいます。

実は私も、ある時期は週末が来るのは億劫なタイプでした。要するに土日に仕事の話や打ち合わせができないのです。土日もお客さんを訪問したいという仕事人間になっていたからかもしれません。

このように「○○が来ると嬉しい」という決まり事をつくり、それを習慣化している人がいます。ただ、「毎週月曜日はやる気が出る」というように、**自動的にモチベーションが上がる要因がある人は、その理由を定義しておく**必要があります。たとえば、

・月曜日になると新しいお客さんとの出会いがあるから嬉しい。

・自分は知らない人と話をして仲良くなるプロセスが大好き。

・それができる1週間の始まりだから月曜日は大好き。

ということがわかれば、自分のモチベーションが上がる要因をしっかりとつかんだことになります。

仮に週末にプライベートで落ち込む出来事があったとしても、週明けに自動的にモチベーションが上がることになるのですから、素晴らしい決まり事といえますね。

では、「金曜日が来ると嬉しい」と思うのも同じだと思われがちですが、単に休みが来たというだけでは、

やや弱い。**休みにモチベーションが上がる「何か」を具体的に設定しておくと、さらに効果的**でしょう。

たとえば、釣りにいく、キャンプを企画する、あるいは大好きな読書に集中するでもいいかもしれません。私は仕事人間であったときに、週末は寝ていたらあっという間に過ぎてしまったという時期が長くありました。それでは週末になることが嬉しいと感じにくく、非常にもったいないことをしていました。

ところが、ある時期にランニングに凝った時期がありました。毎週のように練習する

とタイムが伸びる。さらにレースに参加して仲間ができる。そんな楽しみができた時期には、週末になるのがとても楽しみになっていました。

充実した週末を過ごすことができれば、憂鬱な週明けも「頑張ろう」と気合が入るものです。やはり、モチベーションを高めるには掘り下げた具体的な内容が必要なのです。

あるいは、定期的とは言い切れないものの、〇〇が舞い込むと嬉しいという仕事を設定している人がいます。

たとえば、お客様から相談が舞い込むと大いにモチベーションが上がるという営業職の人がいます。「相談があるのだけど」と連絡が入り、その相談を丁寧に聞き、策を考えて解決できたときに「ありがとう」と感謝されます。彼は、この「ありがとう」と言われた瞬間に至福の喜びを感じるといいます。そうしたことがわかっているので、相談が舞い込むたびにモチベーションが上がるようです。

仕事で元気が出ないときも、相談が舞い込むと「面倒だな」ではなく「やった、嬉しい」と感じるといいます。そのため、相談が舞い込むことを心待ちにしているとのこと。

仕事は面倒くさいことばかりではありません。ぜひ自分にとっての「楽しい」「嬉しい」を探し、どんどんモチベーションを上げる材料として活用しましょう。

成功体験が小さくて何が悪い？

なんだかんだ言っても、モチベーションが上がるのは成功体験です。仕事で成果が出たら、やはり嬉しいものですし、モチベーションは確実に上がることでしょう。

とはいえ成功体験といわれると、大きなものでなければいけないという気がしてしまいがちです。ただ、そんなダイナミックな成功体験に誰でも遭遇するとは限りません。

仕事でベンチャー企業の経営者を合同で取材したときに、彼らが経験した成功体験についで聞いたことがありました。

そこで、「株式公開して東京証券取引所で鐘を鳴らしたとき」、「海外で設立した子会社が地元で表彰されたとき」、あるいは「新商品を開発して日本を変えたと感じたとき」など、スケールの大きな成功体験を聞くことになりました。

まるで武勇伝のお披露目会のような状況になっていたのですが、その取材中に「ところで、あなたの成功体験は何ですか？」と聞かれたときの恥ずかしさといったらなく、「みなさんに比べれば大した成功体験なんてありません」と謙遜の言葉を発して、会話が終わったことがありました。

いまとなって振り返れば、そのとき恥ずかしいと感じる必要は全くなかったのではないかと思います。

自分の取材記事による反響や「自分の考えを整理する機会をいただいた」といった経営者からの感謝の言葉は、十分に誇れる仕事であったといまであれば思えるのです。

各自で成功体験は違います。そのスケールでお互いを比較する必要はなかったと感じています。

私がこれまで小さな成功体験をおさえ、それをモチベーションに活用していくことの重要性を書いてきたのは、こうした背景もあります。

仕事をしていく上で、ミスをして落ち込んでしまう場面は誰にでもあると思います。では、その逆のシーンを思い浮かべることはできますか？

仕事をしていく上で、成功した（＝ミスをせずにできた）場合に「嬉しい」と喜べたでしょうか。

たとえば、資料チェックのＯＫを上司から一発でもらえたときに、ちゃんと自分自身を褒めているか、ということです。

なぜここまで成功体験の大切さを強調しているかというと、単純に自信につながるからです。

たとえばここに、セミナーで会社説明の仕事を担っている人がいたとします。地方の小さな会場だからといって手を抜かずに、一生懸命に準備をしたことで数名が応募してくれたとしましょう。ここで自分に対して、小さな成果ながらも「よくやった」と褒めてあげることが重要なのです。

成功体験で自信を持つことによって、話し方はさらに流暢《りゅうちょう》になります。そして、次に首都圏のような大都市部で説明会を開くことになったとき、たとえ人数が多くても過去の成功体験があれば、怯《ひる》むことなく堂々と話せることでしょう。そしてそれが、大人数の応募という大きな成果につながるかもしれません。

大きな成功は、小さな成功で自分を褒めて、自信が積み重なったことで生まれるといっても過言ではありません。

何度も成功体験を繰り返していくと、気がついたら正のスパイラルに突入して新たなチャレンジも怖くなくなります。周りからの評価も良くなり、いままで任されなかった仕事を頼まれることにもなるでしょう。

こまめに自分を褒めることで自信は確信として積み上がっていきます。すると、失敗に遭遇したときの気持ちも全く違うものになります。なぜなら、いずれは成功すると思えるので、過度に落ち込むことなく物事に取り組むことができるのです。

〝部分的天職〟を見つける

大好きなことは、少々のことではモチベーションが下がりません。

知人で雑誌の編集をしているRさんは、残業も多くて、取材先で叱られたり、苦労したりすることもたくさんあるといいます。ストレス発散に飲みに行くことも多いようで、話を聞いていると大変そうです。

自分であればモチベーションが下がるに違いないと思える仕事ぶりなのですが、明るく「仕事は楽しい」と話してくれます。

もちろん、モチベーションの下がることがゼロではないと思いますが、下がってもすぐに上げられる要因があるように見受けられます。

それはなぜでしょうか?

それは、天職だと思える好きな仕事だからです。ちなみに天職と感じる仕事とは、時間を忘れてのめり込むことができ、見返りを求めずやりたいと感じることができる仕事といわれています。

ただし、天職と感じる仕事に就けている人は、現実ではそう多くはいません。

ある転職サイトの調査によると、「いまの仕事＝天職だと思っていますか?」との問いに「はい」と答えた人は約3割にすぎませんでした。7割の人は天職と思えない仕事に就いていることになります。

たとえば、人見知りで話嫌いなので営業職よりも事務職の方が向いている気がするといった人や、方向音痴なので運送業に向いていない気がするのにドライバーをやっている人など、天職でないと感じながら仕事をしているのです。

考えてみれば、天職と感じる仕事に就けることなんて、ごくまれなことなのかもしれません。

では「天職といえる仕事に就けていない」という人は、どうしたらいいのでしょうか？

それは、**仕事の全体としては向いていない部分があったとしても、「この部分は好きだ」と思えるところを見つけること**です。

周囲が反対しても、やりたいと思えた仕事を個別に思い出してみましょう。たとえば、手間がかかり、同僚からは「そこまでやらなくてもいいんじゃないの」と言われたことがある仕事。あるいは「費用対効果で合わない気がする」と指摘されたのに頑張ってしまった仕事。こうした仕事は好きで天職である可能性が高いのです。

たとえば、よくモチベーションが下がるというSさんに、仕事で好きなことを聞いてみたところ「希望していないのに配属された部署なので好きではない」と一蹴されました。

ただ、部分的にでも好きだと思える仕事がないか個別に思い出していただくと、なんとそんな彼にも天職はあったのです。

　若手社員の育成担当になったとき、周囲が積極的でなかったにもかかわらず、自分は何時間もかけて丁寧に指導をしたとのこと。時間も忘れて残業をしたことで上司に叱られたが、それも気にならなかったと教えてくれました。

「もしかしたら、人に教える仕事が天職なのかもしれませんね」と問うてみたところ「そうかもしれない」と答えてくれました。

　部分的な天職を見つけられたその後は、育成担当の仕事を果敢に希望し、見事に任されるようになったとのこと。もともと「好きではない仕事」ということでモチベーションが下がることがあっても、すぐに上げることができたようです。

　みなさんも〝**部分的な天職**〟を探してみて、モチベーションを上げる機会に活用してみてください。

「こんな仕事をいつまで続けるのか？」とやる気を失っていた頃と、きっと見える風景が違ってくることでしょう。

控えめコメントで〝褒め〟を引き出す

「君はすごいね」とか「○○さんってやっぱりいい仕事してるよね」と言われると、誰もが嬉しく感じるものです。

このように、人は周りから褒められると基本的には喜びを感じるものですが、人は素直ではない部分もあり、褒められて嬉しいと思う自分を恥ずかしいと思ったり、場合によっては格好悪いと思ったりする人もいます。

こうした気持ちを抱くのは、必ずしもひねくれた人というわけではありません。たとえ褒められても「もっといい結果が出せた」とか、「周囲が思っているより全然できていない」といった心境になった経験は誰しもがあるのではないでしょうか。自分に厳しいタイプともいえるかもしれません。

そんな人も、こういう言われ方だったらモチベーションが上がるのではないでしょうか。

「君の次の仕事も期待している。君はもっとできる可能性を持っている」

「○○さんには将来的にこんな仕事をしてもらいたいと思っている」

つまり、期待されていることを表現する褒め言葉です。

自分のことをきちんと見てくれていて、もっとポテンシャルがあるというふうに考えてくれていることがわかります。こういうコメントであれば、自分に厳しいタイプにとっても嬉しいものですし、モチベーションも上がりやすいわけです。

周囲からこういう言葉をかけてもらえたらしめたものですが、「私のことって期待してます？」などとはなかなか聞けません。ならば、どうするか？　それは、

「自分はまだまだ足りない点がある」

「思っていたほど全然できてない」


と、控えめなコメントで自分を評価するのです。そういうことを言い続けている人は、のびしろ・ポテンシャルがあると思われて、「期待をしている」というコメントがもらえる可能性が高まります。

スポーツ界でも控えめなコメントが流行っています。「まだまだです」「課題だらけです」とそれなりの成果を出していても自分を褒めたりしません。しかし、こうしたコメ

ントが「あの選手であればもっとできる」という期待につながります。

たとえば、メジャーリーグで活躍中の田中将大《まさひろ》投手は、日本でプレーしたときも含めて「課題が見つかりました」が口癖です。

課題とは次に向けて取り組むべきことを指し、それが見つかるということは、今後もさらに磨かれた投球をするに違いないと観戦する側は期待が高まります。スポーツだけでなく、期待値を高めるためには控えめなコメントは効果的なのです。

ただし、いつでも控えめが効果的とは限りません。あくまで仕事で成果が十分出たと思えるときに控えめなコメントをするからこそ、期待値は高まるものなのです。仮に失敗したときや、不十分な成果だったタイミングで控えめなコメントをしていても「当たり前でしょ」となります。

成果の出たタイミングで控えめなコメントを仕掛けることで、周囲の期待感を自然と高め、時にモチベーションの上がる言葉をもらえることをテクニックとして覚えておきましょう。

効果的な自分へのご褒美の与え方

本来、いま取り組んでいることを通じてモチベーションを上げることが大事なのですが、142ページでも書いたように、時には「鼻先にニンジンをぶら下げる」ことも必要です。今回はまた別の褒賞的なご褒美の活用法を紹介しましょう。

ポイントは、いつ何時でもご褒美を与えるのではなく、成功体験をより印象付けるものとして活用することです。

たとえば、「モチベーションが下がったときに大好きな焼き肉を食べ、立て直した」といった活用法よりも、「仕事で成果を出したときのお祝いとして食べた」というほうがより望ましいのです。

前者はモチベーションを上げる要因として焼き肉に焦点が当たっているのに対して、後者はあくまでも成功そのものに焦点が当たっています。

道半ばで折れないためのニンジンも大事ですが、**ゴール=成果を出したときのご褒美は、仕事を果敢に進める推進力になる**のです。

ただし、失敗をしたときの効果的なニンジンの使い方もあります。たとえば、仕事で失敗してモチベーションが下がったとしましょう。次は失敗しないように対策を考えて、具体的な打ち手が見えたので、帰りに大好きな焼き肉を食べに行った。するとモチベーションが上がり、ますますやる気になった、といった形です。

つまり、ニンジンだけがモチベーションを上げる手段とは考えずに、あくまでも成果に焦点を当てるのです。それがどんなに小さいことでも、自分を褒めることを忘れないようにする。そのために、時にはニンジンも活用してみてください。

モチベーションを自然と高めてくれる人を探す

エンジニアとして働くTさんは、上司に指示されたことだけをこなすのではなく、仕事の意義を考えて取り組むことを心がけています。

そのため「このプロジェクトで自分は何を期待されているのか？」を自分に問いただし、リーダーに確認を怠りません。さらには、誠実に仕事することをモットーにしているため、納期を守ろうとする意識やプロジェクトメンバーに対する気配りも心がけた行動が見受けられます。

そんなTさんは、まさに仕事に向き合う姿勢が高いといえます。こんなふうに実直に仕事に向き合っている人は周囲にいませんか?。

というのも、こうした**誠実な人物の傍らで仕事をすると、自分も影響されて自然とモチベーションも高くなっていく**ようになるのです。

私の場合も、仕事に向き合う姿勢が高いと感じる存在が社外にいます。できるだけその人と会食の機会をつくったり、一緒に勉強会を開催したりして、多くの時間を過ごせるように努力しています。すると、自然にモチベーションが上がっていくのに気がつきます。

たとえそれまでの関係が浅くても、「仕事に向き合う姿勢に惹かれました。いろいろ教えてください」と言われれば、嫌がる人はまずいません。特にモチベーションが下がったときに刺激を受ける機会を得ると、効果はてきめんです。

一方で、誰もがポジティブで一生懸命仕事をしているわけではありません。あなたの足を引っ張るMSMもたくさんいるわけで、本書でもこれまでにいくつものパターンを紹介してきました。

そうした人たちと時間をともにする機会が増えれば増えるほど、モチベーションは下がっていきます。勝手に引っ張られるのです。

たとえば、同僚や上司の悪口を言う人。自分の意見として批判する人もいますが、「あの人大丈夫なのかな？　仕事をまじめにやっていないって、同じ部署の人が言っていたんですよ」などと第三者の発言を装い批判する人もいます。

こういう人に限って、どこまで仕事をまじめにやっているのか疑問です。あるいは「いくら頑張っても同じですよ。評価なんて変わらないから」とネガティブな発言をする人も、モチベーションを下げる存在になります。

願わくばそういう人たちとは接触を避けたり、距離を置いたほうがいいのですが、職場の上司や身近な人たちが、そんなタイプの人ばかりという残念な職場もあるでしょう。

そんなときには、とにかく会話の機会を極力減らすように努めるしかありません。

「私はあなたと違います」と対抗することはせず、「そうなんですか」と肯定も否定もせずの回答でお茶を濁しましょう。

私もかつて、そんな「残念な職場」にいたことがありました。「自分の反面教師がたくさんいる。同じような発言はしないように心がけよう」と肝に銘じて、のらりくらりとやりとりしていたことを覚えています。そして、仕事に向き合い、成果を出そうとしている人との時間を大事にしました。

ただここで勘違いしてほしくないのは、目標になりそうな人のなかには、いわゆる意識高い系でキラキラしているタイプがいるということです。

実力は「?」にもかかわらず「目立ちたい」「周囲を驚かせたい」という意識が全面に見え隠れする人に憧れても、成果に結びつくモチベーションにはつながりません。

むしろ、**仕事ぶりは地味でも、その姿勢や言動から意義や誠意を感じる人が、あなたのモチベーションにいい影響を与えてくれる人**といえるでしょう。

仕事は、地道な積み上げや周囲に知られることがなくても重要なことがたくさんあります。メディアがこぞって取り上げる経営者も、日々の仕事では地道に仕事に向き合っている人が大半です。そうでなければ、成功していませんし、人材もついてきてくれません。

表面的な発言や姿勢に騙《だま》されずに、誰が自分にとってモチベーションを上げてくれる人物なのか、仕事ぶりを観察したり、会話したり、周囲の評判を聞いたりしてみてください。

表面的には派手だけれど誠実な人もいます。

逆に地道に仕事をしているように見えても、ネガティブで無責任な人もいます。

相手を見極めるためには、時間がかかるものです。自分のモチベーションが下がったときに、いい影響を与えてくれる貴重な存在を探すのですから、手間は惜しまない方がいいと思います。

ポジティブな未来志向のシナリオをつくる

自分がきれいごとを言っている・言わされていると感じたときにモチベーションが下がることがあります。

たとえば、「目標はなんですか?」と聞かれたときに、いかにも相手が尊敬してくれそうなことを話していると、「見栄をはっているなあ」と自分で自分が嫌になってしまうものです。まさに自己嫌悪に堕ちてしまう状態といえます。

その背景には、自分の心からの声ではなく、好いてもらうために嘘を言っているという感覚があるのでしょう。

他にも社内の人間関係がよくないのに「君の職場の人間関係はどうなの？」と同僚から聞かれたときに「至っていいですよ」と答えたとき自己嫌悪を感じたりします。真実ではないことを言っているからです。

そこには、ネガティブに「最悪ですよ。口もきかないくらい」と発言して身内の恥を晒《さら》したくない、あるいはよく見せたいとの感情があるのでしょう。

先ほど、内輪の悪口を言う人とは付き合うなと書きましたが、ならば致し方ないことのようにも思えます。この矛盾した状況はどうしたらいいのでしょうか？

その答えはシンプルで、淡々と事実を受け止め、批判する言葉を慎重に選びながら話すことです。

たとえば、「最悪」という表現を使うのではなく「意思疎通が滞っているのが実情です。何とかしなければいけないと感じています」でいいのです。さらに「将来的には解消できる問題だと思います」と未来志向の発言を加えることも重要です。

課題があることは受け止め、「今後解消していい方向に持っていきたい」と発言することで、自分が嫌になるどころか、むしろ問題解決のためのモチベーションが高まります。

以前に地下足袋《じかたび》業界の跡継ぎとして会社を経営する若社長にお会いしたとき、「足袋の市場は厳しい状況ではないですか？」といまから思えば失礼な質問をぶつけたことがありました。

すると若社長は「厳しいですよ」とあっさり厳しい事実を認め、「外国人観光客向けの土産として、新商品を開発中です」と答えてくれました。

ここで「厳しくない」と回答したとすれば、嘘を言ったことに自己嫌悪を感じるでしょうし、回答を聞いた私も「嘘くさくて話が続かない」と感じていたことでしょう。

20世紀の日本は、右肩上がりの景気のなかで自然とモチベーションが上がる機会がたくさん生まれていました。たとえモチベーションが下がっても、恵まれた環境のなかで「昇給が大きい」「年功序列で管理職に登用」などと、自然と気持ちを上げてくれるイベントがたくさんあったのです。当時は、与えられることに応えようと頑張ればよかったのです。

ところが21世紀の現在はそうした右肩上がりの状況ではありません。むしろ「未来が見えない」と感じている方がほとんどなのではないでしょうか。社員の平均年齢が高くて昇給も昇進も厳しい。業績が伸びないので将来的にリストラされる不安を抱いている。市場が小さくなって売上を伸ばす方策が見いだせないといった閉塞感のある環境です。

こうした厳しい状況であることは覆すことはできませんが、これから先も厳しいとは限りません。

ポジティブなシナリオを考えて、それを積極的に発言し、そのシナリオに向かって頑張る姿勢を示すのです。

すると将来に向けて大事な仕事が任される可能性が自然と高まります。

たとえば、閉塞感が漂う百貨店業界で「このままでは百貨店はなくなる」と危機意識を持ち、「しかし、変革すればたくさんの可能性がある」と発言している知人は、会社から干されるどころか、命運を握る通販事業部門の担当役員に抜擢されました。

閉塞感のある時代だからこそ、前向きなビジョンをもって語る人は非常に目立ちます。暗い未来より、明るい未来を描いてくれそうな人に大切な仕事を任せたいと誰もが思うのは当然のことでしょう。

ポジティブは「具体的」で初めて価値がある

ポジティブであれば何でもいいというわけではありません。その道筋がよりリアルに描かれているときに初めて、可能性が開けるのです。

たとえば、業界内の激しい競争に晒され、業績が落ち込んでいる外食チェーンの社員が「半額にすれば、競争相手もついてこれません」と発言したとしましょう。しかし、どうやって半額にするのか、その方法が多少でも提示できないと単なる妄想だと思われて、その発言が企画として採用されることはないでしょう。

一方で、具体的な例を示しながら「単品ではなくセットメニューの魅力を高めることで差別化を図れる」と発言すれば、リアルさは全く違ってきます。もしかしたら、商品企画をまかせてみようと経営陣が考えるかもしれません。

このような例があります。

「○○業界で日本一になる」と社員にはっぱをかけていた、ある社長がいました。

当初は業界でもほとんど知られていないマイナーな存在だったので、社員も懐疑的になりかけましたが、日本一とはどのような状態のことで、そのために何をすべきか具体的なシナリオを提示したので、社員はそのシナリオに惹かれて奮起し、数年後には本当に日本一になったのです。まさにリアルなポジティブ発言が周囲を動かした成功例です。

ただ、その話には続きがあります。その社長が60代になり引退を決意して社内から後継者を指名したところ、その後継者が「私は世界一を目指します。一緒に目指しましょう」と言い出したのです。

ただ、具体的なシナリオは示されることはなく、その後も「世界一を目指しましょう」という言葉だけが発せられたようです。すると世界一どころか日本一からも転落。後継者は2年で解任されて、前社長が復帰。業績回復にはだいぶ時間がかかったとのことです。

具体的なシナリオのないポジティブな発言だけでは、信頼さえも失ってしまうことがあるということをこの例が示しています。

シナリオとは個別具体性です。５Ｗ１Ｈが極力はっきりしていることが大事なのです。

第6章　モチベーション上げマンが人を動かす

モチベーションをマネジメントする時代

モチベーションという言葉がない時期に仕事をしていたことがある方達のなかには、モチベーションの存在を否定的に捉える人もいます。現在は50代の方々が若手社員の時代は、四半世紀以上前の職場。モチベーションの存在が認知されていない時代です。

仮に、営業職でお客様に叱られてしまったとしましょう。モチベーションは下がり、仕事に意欲的になれず集中力も高まらない。あるいは、職場のオフィス環境が劣悪だったり、上司が理不尽なことで叱るマネジメントスタイルであったりして、そのことがモチベーションを下げるとします。ただ、そんな状態であることを周囲にこぼしたり、人事部に文句を言ったとしたらどうなるでしょうか?

当時であれば「甘えるな!」と叱られるだけ。そんな他責のような発言をするなんて、許されません。与えられた環境でベストをつくすべきだと厳しい指導が行われることになったことでしょう。

彼らは、やる気が上がらないことを言い訳にはできない職場環境に鍛えられてきたのです。ゆえに「モチベーションを言い訳にして仕事の成果が変わることなんてあってはならない」と考えたい気持ちがかすかに残っているのです。

ただ、現代でそんなことを発言したら周囲からバッシングを受けることになるのは明らかです。そのため表面的には「モチベーションを上げることは重要だよね」と波風立たない発言で耐えている人が何人もいることでしょう。若手社員たちは、モチベーションを上げる取り組みは当たり前に行うべきことと考えているかもしれませんが、こうしたモヤモヤ感を持ちながら取り組んでいる人は相当にいるはずです。

そうはいっても、**モチベーションを上げるための取り組みは、社会人経験が長くなれば（組織のリーダーとして）当事者の責任が高まる時代**になりました。チームの成果や生産性を高めるためにも、メンバーの意欲を高めていくことは不可欠なのです。

自分のモチベーションを高めること以上に、他者のモチベーションを高めることは難しいものです。

そこで、本章ではそんなモチベーションマネジメント初心者のために、他者のモチベーションを上げていくための方法論を紹介していきましょう。

モチベーションを見抜く質問力

いままで述べてきたように、人のモチベーションの多くは、実に等身大の現実的なことであるといえます。

ところが自らはもちろんのこと、周囲の人（チームメイトや部下）も、自分が何をもってモチベーションが上がっているのか、下がっているのかに気づいていないケースが大半に思えます。

たとえば、若手社員たちに自分のモチベーションは何か、と聞いてみると正確に答えられなかったり、「それは違うでしょ」と思えるモチベーションが上がったりすることが多いからです。

誰かのモチベーションを上げるために重要なことは、相手のモチベーションとなる要因＝リソースをまず知ることが重要です。

モチベーションとは「働きがい」とイコールであると言われています。働きがいとは、能動的に働いたときに会社が応えてくれるもので、物的には金銭的報酬、精神的には成長感や仕事への誇り・意義といったものです。

類似している言葉として「働きやすさ」があります。働きやすさとは職場環境の充実度合いのことで、制度や設備などが当たります。

働きやすくて、働きがいがあることが、モチベーションの上がるベストな職場といえますが、経営者でもなければ、両方を改善していくのは無理な話です。会社の人事制度を根本から変えることは一人では難しいし、仮に可能だとしても時間がかかりすぎるからです。向上させることが可能なのは、働きがいに限るでしょう。

若手社員は働きやすさに関しては、休暇の取得や家賃補助などの各種条件を聞くと具体的なイメージが湧きますが、働きがいに関しては、仕事での成功体験がまだ少ないため、答えに窮する場合が多いようです。

たとえば、「お客様から笑顔をいただくとモチベーションが上がる」と回答してくれた若手社員に「具体的にどのような場面で笑顔をいただいたのですか？」と尋ねつつ「もう少し、具体的に教えてください」「どうしてモチベーションが上がったと思いますか？」と質問を続けていくと、正確な場面が回答できない、ないしは「本当にモチベーションが上がったの？」と思えるような場面しか説明できない人が大半なのです。

もちろん、なかには具体的な回答で「なるほど」と思える働きがい＝モチベーションが見つかっている若手社員もいます。

クライアントから「やり直し」を何度も要求され、泣きそうになりながら修正し、その後、コンペで受注を勝ち取り、オンエアーされたCMで商品が大ヒットした仕事に関わったUさんは、「仕事ぶりがお客様に認められ、その仕事で世のなかが大きく動いたときに働きがいを感じました」と語ってくれました。

おそらく、お客様に認められたことで、まずモチベーションは小さく上がり、CMが大ヒットして大きく上がるという二つの要因を体感したことでしょう。こうした成功体験があると本当のモチベーションが見つかっているといえます。

ところが、そこまで追い込んで深めた仕事をしていないと、本当のモチベーションが見つからないまま「お客様の笑顔」などという当たり障りのない答えになってしまいます。おそらく、社歴を重ねて、失敗と成功を繰り返すとモチベーションの上がる要因が具体的に見えてくるでしょうが、そんな状態になれるのはだいぶ先でしょう。

そこで必要になるのが、**質問力**です。問いを重ねることで、自分の本当のモチベーションを探ってみるのです。

その際にはできるだけオープンクエスチョンを使うのがポイントです。

「あなたがモチベーションが上がったと感じた瞬間はいつですか？」

「どのように感じましたか？」

「どうして感じたと思いますか？」

と相手に考えさせるようにしましょう。すると本音が見えてきます。最近の若手社員は就職活動で自己分析を相当に行っており、表層的な回答は上手です。自分をさらけ出さずにそれなりの点数を得る回答に長《た》けているのです。

しかし、そのようなありきたりの回答ではなく、本当は何がモチベーションなのかを導き出すためには感情まで聞き出す必要があります。それは、相手にとっても苦手なことである可能性が高いので、信頼関係を築き時間をかけて丁寧に聞き出す努力が必要です。

相手の小さな変化を見逃さない

知人である、タレント事務所の経営者が教えてくれたテクニックを紹介しましょう。

所属タレントにいいパフォーマンスをしてもらい、よりファンの心をつかんでもらうためには、モチベーションが重要です。そこで、タレントが過去にモチベーションを上げた要因を突き止め、そこを刺激することになるのですが、気まぐれなタレントのモチベーションを上げるのは簡単ではありません。

おいしい食事（たとえば人気のスイーツなど）を用意したり、海外旅行を手配（離島のビーチなど）したりするなどの策を打つのですが「いまはダイエット中だから食べられない」とか「空港で長く待たされてムカついたから海外旅行はこりごり」と、モチベーションを上げるどころか、むしろ逆効果になったこともあったようです。つまり、モチベーションが上がる要因が、その人のなかで刻々と変わっているのです。

そこでその経営者は、タレントのモチベーションが上がったと思える瞬間をいつも気にしているとのこと。彼女にとっての最新のトレンドを常に必死で探していると教えてくれました。

具体的に気をつけているのは、**表情が豊かになる・笑顔が自然にあふれる・声のトーンが高くなるという変化を見逃さない**こと。

こうしたモチベーションが高まっていると感じられる変化を観察して、的確に次につなげられるよう努力を行っているといいます。

相手のモチベーションの源泉がわかったら、それに直結するようなチャンスを積極的に与えたり、努力を見逃さず、適切に評価することにつなげていくのです。

モチベーションを上げる褒め方

褒めることは、相手を認めているという気持ちを表すので、相手は自尊心が満たされ気分が良くなります。

人は、自分に好意的な人には好印象を持ち、同じように好意的に接する傾向があります。当然、褒めてくれる人に対してネガティブな感情は抱きにくいものです。

このように、褒めることは両者の関係を良好にするだけでなく、相手に自信とやる気を与え、積極的に動いてくれるきっかけになります。しかし、「契約おめでとう」とか「大したものだ」といった褒め言葉では、相手は喜ぶそぶりを見せるかもしれませんが、モチベーションは上がりにくいものです。具体性が乏しく、仕事の中身を見てくれたとは思えないからです。

効果的な褒め方にはポイントがあります。

相手の承認欲求が満たされ、モチベーションが上がるようにタイミングよく具体的に褒めてあげるのです。

たとえば、「丁寧な対応で助かった」などと「何がよかったのか」をわかりやすく褒める。「他の社員たちも参考にすべき取り組みだ」と評価の高さを示す。「シェアが3倍」「利益が120％増」など、具体的な数字をあげて褒める。「丁寧なフォローが成果につながった」とプロセスを褒める。さらに自分だけではなく「○○さんもすごいと感心していた」と第三者の意見も交えて説得力を持たせる、といったことです。

つまり、**有効な褒め言葉をかけるためには、日常の行動を観察し続ける必要があります。**スケジュールを確認したり、周囲の同僚たちにインタビューしたり、そんな行動も役に立ちます。

面倒に思うかもしれませんが、たとえば結婚式でも、新郎新婦を称えるときに取材や情報収集をする人がいます。その努力があるとないとでは大違いで、人柄がわかる細かいエピソードをちりばめたスピーチは、聞いている参列者を感動させます。

一方で、「おめでとう」に加えて先輩からのアドバイスだけを話すスピーチに感動はありません。つまり、褒めてモチベーションを上げてもらいたいのであれば、努力が必要なのです。

ただ直接褒めることが苦手な人もいます。それでも挑戦してほしいのですが、どうしても無理であれば、〝陰褒め〟を試してみてください。陰褒めとは本人ではなく第三者に対して褒め言葉を伝えることです。

たとえば、職場の同僚に対して「○○さんは顧客とのスピーディーなやり取りが素晴らしいね」とコメントをするのです。するとその褒め言葉が間接的に「△△さんが顧客とのスピーディーなやり取りが素晴らしいと褒めていたよ」と○○さんに伝わることでモチベーションが上がるというやり方です。

これはウィンザー効果を狙った高度なやり方ともいえます。**ウィンザー効果とは直接言われるよりも第三者から間接的に言われたほうが信憑性・信頼性が増す**という心理的効果です。

「うちの店のラーメンうまいよ！」とお店の人からすすめられるのと「あそこのラーメンうまかったよ！」と友人からすすめられるのと、どちらのほうが信頼できますか？おそらく答えは後者ですよね。

つまり、自分でアピールしたものにはあまり信憑性が伴いません。しかし、第三者がすすめるものであれば信憑性が高まります。これがウィンザー効果です。

実際にウィンザー効果が通用するのか実験したことがあります。ある部屋に職場の同僚を4人集めて、1人は別の部屋に入ってもらいました。4人に別の部屋にいる1名のいいところを言ってもらい、その会話をマイクで拾って別の部屋の1人に聞いてもらったのです。

終了後の感想を聞いたところ、直接褒められるよりも嬉しさは大きかったといいます。「大いにモチベーションが上がった」と感想を教えてくれました。

直接褒めることが苦手な人は、ぜひ陰褒めを試してみてください。

人は、誰かのためのほうが頑張れる

直属の後輩やチームメイトなど、密接に関わりがある人のモチベーションが上がることは嬉しいことですが、組織では、さらに広い範囲に良い波及効果をおよぼしたいもの。つまり、周囲も同様にモチベーションが上がる状態になってもらうのが理想的です。そのためには、モチベーションが高い状態を、同じ職場の同僚も享受できる機会をつくることが重要です。

たとえば、仕事でいい成果を出した部下がいたとします。そこで、その成功には同じ職場の同僚たちの支援もあったに違いないと同僚たちも褒めるのです。

さらにインセンティブで賞金や焼き肉ツアーなどの機会をシェアし、上司も便乗して参加させます。このように、**誰かの成果で共に称えあう状況をつくる**のです。

もちろん、成果を出した当人が大きくインセンティブを享受できることが前提ですが、チームにお裾分けがあるようにしておくのです。

自分だけが喜びを独占したいという人にとっては少々不満が出る可能性がありますが、それでも「今後の仕事をスムーズにするための些細な投資」と説明すれば理解してもらえるでしょう。

さらには「仕事で成果を出すと、自分だけでなく周囲にも喜びを与えることができる」と思える状況は、新たなモチベーションを生み出す可能性があります。

社会人経験が上がるほど、周囲に喜びを与えることがモチベーションにつながるようです。

ある転職サイトによる調査でも、年齢とともに人間関係を重視する傾向が強まることが示されています。チームの重要性を社会人経験を重ねると感じるようになるのでしょう。

これは仕事に限らずスポーツの世界でも同様かもしれません。仕事でお目にかかったスポーツ選手も若手の頃は自分のために勝ちたいのが当たり前。でも勝ち続けて経験を重ねると、自分のためだけでは勝てないどころか、モチベーションも維持できないことに気がついたといいます。

その結果、いまでは誰かのため、つまりファンのために勝ちたいと思うようになったと語ってくれました。

ではなぜ、年齢を重ねると自分のためには頑張りきれないのに、社内・社外問わず誰かのためだと力を発揮できるようになるのでしょうか。

その理由はシンプルで、**誰かのために頑張った方が、自分も周囲もいい結果につながる**という経験を身をもってするからだと思います。

周囲から「自分のためと主張することを控えるべき」と諌められる機会に遭遇することも大きいかもしれませんが、多くは体験に基づくものだと思います。

取材したエンジニアのVさんは、自分のために頑張る典型的なタイプでした。しかし、入社して5年目くらいからチームで開発に関わる機会が増えて、チームリーダーを任されるようになります。

すると自分だけが開発を進めていくだけでは仕事が終わらず、後輩の成長も考えて指導したり、役割を割り振ったりする仕事に忙殺されるようになりました。

そうして開発が実を結んだときには、チームで喜びを分かち合い、「よかった」とお互いに抱き合うくらいの感動を体験したといいます。

すると、次の開発では同じ感動を味わうために、チームの仲間のことを考えて仕事をするようになったという変化を話してくれました。おそらく、開発規模が大きくなりチームとして関わる人数が大きくなればなるほど、自分のことよりもチームのメンバーのことを考える比重が大幅に増えたのでしょう。こうして、モチベーションの要因も変化していくのです。

このように、経験が重なるとモチベーションのレイヤーが変わっていきます。モチベーションを上げる手段としてキャリアに応じたインセンティブのシェアの必要性がよくわかるいい例です。

相対評価はモチベーションを下げる

少々古い曲になりましたが、『世界に一つだけの花』という歌のなかで「一人ひとり違う」という言葉がちりばめられ、大いに共感されました。

このように、誰かと誰かを比べて評価をするという相対評価を嫌だと感じる風潮は変わらず続いています。

多くの会社の人事評価は、相対評価でAやCなどとつけます。仮に営業部門の同じ部署のなかで、ほぼ同じ営業成績の人が5人いたとしても、A、B、C、D、Eの5段階でそれぞれ評価しなければなりません。その評価を上司はフィードバックします。

一人ひとり違うはずですが、横並びにして比較されているのが現実なのです。ゆえに社員は違和感を抱きながら相対評価の結果を日々受け入れて仕事をしているのです。

さらに上司はこの相対評価を利用して部下たちを煽《あお》ることがあります。「このままだと同期の○○さんに昇進で負けるかもしれない」と言われたら、嫌でも意識せざるを得ません。

もちろんそれによって頑張れる場面はあるのでしょうが、実はこうした煽りはモチベーションになりづらいのです。むしろストレスになり、ネガティブな発想が芽生えてきがちです。

なぜなら、時には誰かをおとしめなければいけなくなるからです。極端に言えば、「○○さんがそのあと1週間風邪を引いて休んだ結果、私が勝ちました」ということにもなりかねないですし、これをモチベーションとして受け入れるのは、多くの人が抵抗感を抱くことでしょう。

こうした相対評価の弊害で、社員が病んでしまうケースが生まれているようです。健全なライバル意識が持てずに自分が成績的に負けたら挫《くじ》けてしまったり、成績で勝つためにハードワークで燃え尽きてしまうのです。ついには退職者が増え、人手不足になった会社はいくつも生まれています。

そこで、こうした弊害が生まれないように、こまめに仕事ぶりを確認し、絶対評価を行う会社が出てきました。1on1ミーティングと呼ばれ、上司と部下が1対1で行う対話を週に1回、最低でも月に1回実施し、その対話を積み重ねて絶対的な評価をするのです。

このやり方は、個々の社員のモチベーションを上げる機会を増やすといわれています。 個別の対話機会が多いので自然と褒める機会も増えるだけでなく、評価に対して納得性が高まるからです。

ただ、こうした手法をすべての会社が実施できるとは限らないので、できる範囲で1

on 1ミーティングをしたり、評価の際は相対的なコメントは控えたりするなどの工夫をすることで、モチベーションの低下を最小限にし、逆に上げる機会を増やすことができるのです。

人は、自分が特別であると思われたいという意識があります。「君には大いに期待している」と選ばれた存在のように思われたいという意識が高いのです（相対評価が嫌だということと矛盾するようにも思えますが）。

こうした「特別扱いしてほしい」「かまってほしい」「思いどおりにならないと、すぐすねる」などの気持ちをもった若手社員を「ベビー社員」と命名した著作がありましたが、批判するよりは巧みに活用して「特別に期待している」と伝えてモチベーションを上げてもいいのではないかと私は思います。

いつでも見守っている姿勢を示す

「自分のことを温かく見守ってくれていると感じれば、モチベーションが上がりやすい」と話してくれた若手社員がいました。

つまり彼らは、傍らで見ていてくれる――いまどきの言葉でいえば、スクール形式ではなく個別指導型で仕事に関わってほしいと願っています。個別指導型の指導を学生時代に受けてきた影響もあるのかもしれません。

私はチアアップ型の指導と呼んでいますが、**「頑張れ」と横で伴走する姿勢を見せることがとても重要**なのです。

最近は、大学生を指導する運動部の監督の育成法が変わり、「俺についてこい」ではなく「いつでも手を差し伸べるから」と近くで見守っている姿勢を示さないと、選手の気持ちが折れてしまうケースが増えていると聞きます。

大学のアメフトチームを監督している知人がいますが、最近は4年生になると多くの選手にキャプテンだけでなく副キャプテン、ディフェンスリーダーと肩書きを付与するといいます。

すると、肩書きのある選手が集まり、何事も合議制で決めたがるようになります。にもかかわらず、「監督は決定のプロセスを見ていてほしい。そして共同責任者であってほしい」と頼まれるとのこと。いまどきの言い方をするならフォロワーシップを求めているのでしょう。

学生自らが受け身ではなく能動的・自律的に考え行動するのを見守るという立ち位置は、これまでの学生スポーツにおける指導者とは対極かもしれません。ただ、こうした願望が社会人になっても根っこには潜んでいるのです。

つまり、すべて任せてほしいわけでもなく、「手取り足取り何から何まで教えてやるから、そのとおりにしなさい」でもなく、

「自分で考えて、いろいろと仕事に対する取り組みをやってみてください。困ったときには、いつでも声をかけられる距離にいます」

という状態を望んでいるのです。

こうしたスタンスで仕事にも関わることができると、若手社員はストレスを感じにくく、かつモチベーションも上がりやすくなるといえるでしょう。部下との距離感や指導法に悩んでいる人は、ぜひ参考にしてみてください。

効率よく仕事する部下こそ評価する

働き方改革で勤務期間をコンパクトにすることが求められるようになりました。このことにより、若手社員は「短時間で仕事を切り上げることが正しい」と素直に感じていることでしょう。

一方で、社会人になってから長い期間残業をし、長時間労働も含めて仕事を覚えたと思っている世代には、短時間で仕事を切り上げる姿勢に疑問がぬぐえない人がたくさんいるかもしれません。

ゆえに「早く帰りなさい」「長時間労働は健康によくない」と指導をしながらも、本音では「若いうちは残業もいとわない仕事ぶりでないとダメ」と思っている人がたくさんいます。

知人で、長年長時間労働を繰り返して仕事を覚えたからこそ、役員にまでなれたと思っているWさんは、いまどきの「残業を悪」と考える風潮に疑問を抱いています。しかしこのご時世、「残業は当たり前」などとは発言できないので、あくまでも「働き方改革で残業はしない時代がやってきた」と表面上は語ります。

ただ、同世代の管理職と飲んでいると「若いうちは死ぬ気で働かなくてどうする」と言い出し、周囲に聞こえないかと同席している管理職たちがひやひやするとのこと。それだけ働く時間に関する概念は世代で違うのです。

いまや学生が選ぶ会社の基準の上位に、有休取得状況や残業の有無が入る時代なので、残業を強いるのは当然アウトですが、モチベーションを上げるための時間の過ごし方はどうしたらいいのでしょうか。

以前であれば、残業をたくさんして成果を出した人と、残業をそれほどせずに同じ成果を出した人の評価は同じでした。それは、評価を決める場面で残業時間というデータが考慮されていなかったからで、比較する条件には反映されていませんでした。

しかし、時代は変わりました。

できるだけ短い時間で高い成果をあげた人を褒めるべき時代になったのです。

たとえば、残業ゼロの人と残業30時間の人が同じ成果を出したとしたら、明らかにゼロの人を褒め、高い評価をする。さらに30時間残業をしていた人には、残業時間ゼロでも同じ成果を出せるように効率化や生産性の向上のための指導をするのです。
そんな指導をするためには、部下の仕事ぶりをしっかり把握する必要があります。何時に出社して何時に帰社したのか、さらに、勤務時間内にどのような仕事をしていたのかなどといったようにです。

たとえば、2時間かけていた作業を部下のスケジューラーで見つけたら「30分減らせる方法を一緒に考えてみない？」「過去のテンプレートを使えば、作業が減ると思うよ」などと具体的な指導も必要になってきています。

こう書くと、部下から「なんか監視されているようで息苦しく感じてしまう」との意見が出るかもしれません。しかし、指導する人が本質的な役割を果たすためには、まず部下の状況を把握しておくことが基本です。昔は「任せた」と部下を放置していた上司もたくさんいましたが、それは職務を放棄しているのと同じ。万が一、問題が起きたら責任は重大です。

上司は、成果だけを管理しているのではなく、勤務している時間帯のすべてを管理するのが仕事であることを忘れてはいけないのです。

とはいえ、上司は上司で部下以上に多忙ですし、息苦しい管理は部下のモチベーションを下げることになるだけです。そこで、**「見ているけど、見ていないようにみせる」**ことが重要になります。

そのためにはＩＴの力を活用するのです。部下が上司に直接報告したり連絡をしたりしなくても仕事ぶりがわかるように、日報やスケジューラーを活用します。会社で導入しているシステムで部下の行動を確認し、気になるところだけ「ちょっといいかな」と指摘するようにしましょう。

最近は、部下も上司が事細かに状況を把握することを嫌がらないようになってきたといいます。１on１ミーティングを推奨している会社が増えましたが、その活動を喜ぶのは部下で、面倒だと嫌がるのは上司が大半だと聞きます。想像する以上に、上司による部下の行動把握は推奨されるべきことなのかもしれません。

そして、時間が削減できたら褒めることが重要です。上司の過去の仕事ぶりからすれば違和感があるかもしれませんが、部下からすればモチベーションが上がるはずです。

失敗を報告したときは褒めてあげる

仕事で失敗したとき、叱られる可能性が高いので隠したい、なるべく自分で処理して終わらせたいという意識が芽生えがちです。ただ、こうした隠蔽《いんぺい》が会社の大きな損失になるケースがたくさんあります。

たとえば、ある会社で個人情報の漏洩が起こったとしましょう。さらに社員の隠蔽が内部告発で発覚し、仮にそれが報道されれば、隠蔽されたことも重なり批判は大きくなります。ゆえに、社会人の基本としてまず失敗は早めに報告するようにと指導されます。

しかし、失敗をした部下は恐怖にも近い感情を抱いています。失敗の報告で叱られたとすれば次回の失敗で報告が躊躇《ちゅうちょ》されてしまうかもしれません。

そこで、部下がトラブルを報告したときに

「よく報告してくれた。ありがとう。きみの勇気を称えるよ」

と逆に褒めたらどうなるのでしょうか。

知人が勤務している小売りチェーンは、社員の失敗を褒めるという取り組みをしています。

あるとき、店舗に勤務していた社員が発注ミスで大きな損失を出したことがありました。早速失敗を上司に報告したところ、なんと上司は、

「すぐに報告に来て偉いぞ」

と褒めたのです。この会社では、過去にも同様の発注ミスが何度かありながら、担当者が上司に報告せず、取引先をごまかすような稚拙な対応をしたために、大きな問題に発展してしまうということが続きました。

その原因は「上司に叱責されるのを避けたい」という気持ちから起きたようです。

当然、叱られた社員はモチベーションが下がります。ならば、失敗を報告したら褒めてみたらどうかと、ある役員から提案があって試してみたところ、失敗の報告が増え、その失敗を二度としないように対策が打たれ、見事失敗は減少しました。

それだけでなく、社員が落ち込んでモチベーションが下がることも減り、業績も上昇したようです。

このように失敗というネガティブな出来事もモチベーションを上げるきっかけにする

ことは可能なのです。

結果よりも過程を褒める

「結果だけでなく、プロセスを褒めてモチベーションを上げよう」とよく言われます。これを進化させて些細なトピックスを聞き出すことでモチベーションを上げることができます。

たとえば、部下自身はそれが大事だと思っていないにもかかわらず、報告してきたことを「それは素晴らしい成果だよ」とか「会議で共有してみんなも取り組むべき内容です」と上司が讃えるのです。

部下にしたら褒めてほしいことは成果であり、上司としても「仕事がうまくいきました」という報告を褒めるのは容易《たやす》いものがあります。

ところが、実は「お客様から○○のような要望があり、△△のように対応しました」と業務報告されたなかに、実は素晴らしい仕事ぶりが潜んでいることがあります。

たとえば、会社の方針として大事にしてほしいことを体現した仕事ぶりであったり、大きなトラブルを回避する行動であったりするなど、**部下本人も気づかずにいる素晴らしい仕事の過程があったなら、きちんとすくい上げてあげる**のです。

そして「それはいい仕事ぶりですね」と讃えることで、部下には承認されたという喜びやきちんと見てくれているという感動、そしてもっと頑張りたいというモチベーションが生まれることでしょう。

こうした仕事ぶりを上司が見いだして称える姿勢は理想的な姿かもしれません。

あとがき

もともと心理学用語であった「モチベーション」という言葉が注目を浴び始めたのは、21世紀になる直前のこと。スポーツ選手が、結果に対する意欲を表すときによく用いていた表現でした。

その後、時とともに、ビジネスシーンなどでも使われるようになりました。

当然、モチベーションという概念がない時代には、「モチベーションが上がらないから仕事に身が入らない」と話す人はいなかったはずです。仕事は淡々とやることが「当たり前」だと考えられていたのです。前日上司に叱られて気分が下がっていたり、やる気のない同僚に気をそがれたりしていても、結果を出せなければ、「しっかりしろ」と発破をかけられるだけ。そういう意味では、「やる気」という漠然としたものに輪郭を与える「モチベーション」は、仕事に取り組む意欲に関する課題を解決する糸口となりました。

同時に、モチベーションは罪作りな存在でもあります。つねに、モチベーション管理の問題が、私たちを悩ませるからです。たとえば、「部下が自発的行動をみせない」という個人的な問題があれば、面談などを重ねて問題の解決を図らなければなりません。管理職にとっては当然の仕事でもありますが、心の要因も関わってくるので、一筋縄ではいかないでしょう。

あるいは、「否定的な意見ばかり言う上司がいて、現場が疲弊して、関係者のモチベーションが皆無」と頭を抱えるケースもあるでしょう。権力者の逆鱗に触れると状況が悪化するだけに、機微をうかがった慎重な対策が必要です。モチベーションはつねに悩みの題材となるのです。

そんな問題は、さまざまなモチベーションを下げる人物や事象を紹介した本書の読者ならもう周知の事実ですね。そして、その対処法も自分なりにご指南させていただいたつもりです。

最後にもうひとつ、「モチベーションという存在自体を意識から消す」という術も覚えておいていただきたいと願います。

それは、目の前の仕事に没頭し、モチベーションの上がり下がりなんて考える時間もない状態です。いわゆる「ゾーン」に入った状態ともいえるでしょう。ことさらに頑張っているわけではなく、無理をしているわけでもないのに、自然と仕事に全意識を集中できる。そんな時にとった行動は、相当な確率で高い成果につながります。

そう考える理由は、私が取材してきた成功者の多くが、ゾーンに簡単に突入できる人物だったからです。

それでは、どうすれば、そんな状態に自分をもっていけるのでしょうか。

私なりの答えのひとつは、「ゴールの明確さ」です。早朝から仕事を始める習慣を続けてきた経営者のXさんは、夜遅くまで打ち合わせや会食が続いても、早朝からの仕事でモチベーションが下がったことはないとのことでした。

その理由について、「やりたい仕事がたくさんあるから」と言います。

Xさんが「仕事」と言うとき、単純な作業ではなく、目指すべき成果である「ゴール」を見据えています。

そこを目指す意欲が、体調が悪くてもそれを忘れさせ、仕事が難航しても挫けない心を作り上げるのです。

それを手に入れることができれば、モチベーションのことなど考える必要がなくなるでしょう。

そうなれば、いくらMSMが来ても気になりません。やる気を下げるような発言をされても、嫌みを言われても、スルーして自分なりの最高の成果を上げるべく、ただ前を向いて努力することが可能になります。

もちろん、簡単ではありません。しかし、本書で紹介したノウハウでMSMと戦いながら、モチベーションを超えた、つねに情熱を抱えた自分を目指してください。

そして、あなたにとっての成功を摑んでくれることを心から願っております。

西野一輝　にしの・かずき
経営・組織戦略コンサルタント。大学卒業後、大手出版社に入社。ビジネス関連の編集・企画に関わる。現在は独立して事務所を設立。経営者、専門家など2000名以上に取材を行ってきた経験を生かして、人材育成や組織開発の支援を行っている。

朝日新書
759
モチベーション下《さ》げマンとの戦《たたか》い方《かた》

2020年 3 月30日 第 1 刷発行

著　者　西野一輝

発行者　三宮博信
カバーデザイン　アンスガー・フォルマー　田嶋佳子
印刷所　凸版印刷株式会社
発行所　朝日新聞出版
〒104-8011　東京都中央区築地 5-3-2
電話　03-5541-8832（編集）
03-5540-7793（販売）

Published in Japan by Asahi Shimbun Publications Inc.
ISBN 978-4-02-295065-9
定価はカバーに表示してあります。
落丁・乱丁の場合は弊社業務部(電話03-5540-7800)へご連絡ください。
送料弊社負担にてお取り替えいたします。

朝日新書

寂聴　九十七歳の遺言

瀬戸内寂聴

「死についても楽しく考えた方がいい」。私たちはひとり生まれ、ひとり死ぬ。常に変わりゆく。かけがえのないあなたへ贈る寂聴先生からの「遺言」――私たちは人生の最後にどう救われるか。生きる幸せ、死ぬ喜び。魂のメッセージ。

知っておくと役立つ　街の変な日本語

飯間浩明

朝日新聞「be」大人気連載が待望の新書化。国語辞典の名物編纂者が、街を歩いて見つけた「まだ辞書にない」新語、絶妙な言い回しを収集。「昼飲み」の起源、「肉汁」は「にくじる」か「にくじゅう」か、などなど、日本語の表現力と奥行きを堪能する一冊。

中国共産党と人民解放軍

山崎雅弘

「反中国ナショナリズム」に惑わされず、人民解放軍の「真の力〈パワー〉」の強さと限界に迫る！　国共内戦、朝鮮戦争、文化大革命、中越紛争、尖閣諸島・南沙諸島の国境問題、米中軍事対立、そして香港問題……。軍事と紛争の側面から、〈中国〉という国の本質を読み解く。

早慶MARCHに入れる中学・高校
親が知らない受験の新常識

矢野耕平
武川晋也

中・高受験は激変に次ぐ激変。高校受験を廃止する有力中高一貫校が相次ぎ、各校の実力と傾向も5年前と一変。大学総難化時代、「なんとか名門大学」に行ける中学高校を、受験指導のエキスパートが教えます！トクな学校、ラクなルート、リスクのない選択を。

第二の地球が見つかる日
―太陽系外惑星への挑戦―

渡部潤一

岩石惑星K2-18b、ハビタブル・ゾーンに入る3つの惑星を持つ、恒星トラピスト1など、次々と発見されつつある、第二の地球候補。天文学の最先端情報をもとにして、今、最も注目を集める赤色矮星の研究を中心に、宇宙の広がりを分かりやすく解説。

俳句は入門できる

長嶋 有

なぜ、俳句は大のオトナを変えるのか!?「いつからでも入門できる」「俳句は打球、句会が野球」「この世に傍点をふるようによむ」――俳句でしかたどりつけない人生の深淵を見に行こう。芥川賞&大江賞作家で俳人の著者が放つ、スリリングな入門書。

タカラヅカの謎
300万人を魅了する歌劇団の真実

森下信雄

PRもしないのに連日満員、いまや観客動員が年間300万人を超えた宝塚歌劇団。必勝のビジネスモデルとは何か。なぜ「男役」スターを女性ファンが支えるのか。ファンクラブの実態は?・歌劇団の元総支配人が五つの謎を解き隆盛の真実に迫る。

安倍晋三と社会主義
アベノミクスは日本に何をもたらしたか

鯨岡 仁

異次元の金融緩和、賃上げ要請、コンビニの二四時間営業まで、民間に介入する安倍政権の経済政策は「社会主義」的だ。その経済思想を、満州国の計画経済を主導し、社会主義者と親交があった岸信介からの歴史文脈で読み解き、安倍以後の日本経済の未来を予測する。

資産寿命
人生100年時代の「お金の長寿術」

大江英樹

年金不安に負けない、資産を〝長生き〟させる方法を伝授。老後のお金は、まずは現状診断・収支把握・寿命予測をおこない、その上で、自分に合った延命法を実践することが大切。証券マンとして40年近く勤めた著者が、豊富な実例を交えて解説する。

かんぽ崩壊

朝日新聞経済部

朝日新聞で話題沸騰！「かんぽ生命 不適切販売」の一連の報道を書籍化。高齢客をゆるキャラ呼ばわり、偽造、恫喝……驚愕の販売手法はなぜ蔓延したのか。過剰なノルマ、自爆営業に押しつぶされる郵便局員の実態に迫り、崩壊寸前の「郵政」の今に切り込む。

ゆかいな珍名踏切

今尾恵介

踏切には名前がある。それも実に適当に名づけられている。「畑道踏切」と安易なヤツもあれば「勝負踏切」「天皇様踏切」「パーマ踏切」「爆発踏切」などの謎めいたモノも。踏切の名称に惹かれて何十年の、「踏切名称マニア」が現地を訪れ、その由来を解き明かす。

一行でわかる名著

齋藤 孝

一行「でも」わかるのではない。一行「だから」わかる。『百年の孤独』『悲しき熱帯』『カラマーゾフの兄弟』『老子』――どんな大作も、神が宿る核心的な「一行」をおさえればぐっと理解は楽になる。魂への響き方が違う。究極の読書案内&知的鍛錬術。

日本中世への招待

呉座勇一

中世は決して戦ばかりではない。庶民や貴族、武士の結婚や離婚、病気や葬儀に遺産相続、教育は、中世の日本でどのように行われてきたのか？　その他、年始の挨拶やお中元、引っ越しから旅行まで、中世日本人の生活や習慣を詳細に読み解く。

簡易生活のすすめ
明治にストレスフリーな最高の生き方があった！

山下泰平

明治時代に、究極のシンプルライフがあった！　簡易生活とは、根性論や精神論などの旧来の習慣を打破し効率的な生活を送ろうというもの。無駄な付き合いや虚飾が排除され、個人の能力は最大限に発揮される。おかしくて役に立つ教養的自己啓発書。

スマホ依存から脳を守る

中山秀紀

スマホが依存物であることを知っていますか？　大人も子どもも知らないうちにつきあい、知らないうちに依存症に罹るのがこの病の恐ろしさ。国立病院機構久里浜医療センター精神科医が警告する、ゲーム障害を中心にしたスマホ依存症の正体。

決定版・受験は母親が9割
佐藤ママ流の新入試対策

佐藤亮子

共通テストをめぐる混乱など変化する大学入試にこそ「佐藤ママ」メソッドが利く！　読解力向上の秘訣など新時代を勝ち抜くカギを、4人の子ども全員が東大理Ⅲ合格の佐藤ママが教えます。ベストセラー『受験は母親が9割』を大幅増補。

ひとりメシ超入門

東海林さだお

ラーメンも炒飯も「段取り」あってこそうまい。ショージさんが半世紀以上の研究から編み出した「ひとりメシ十則」を初公開！　ひとりメシを楽しめれば、人生充実は間違いなし。『ひとりメシの極意』に続く第2弾。南伸坊さんとの対談も収録。